COLLECTION ANNE

Kilmeny
du vieux verger

De la même auteure

LUCY MAUD MONTGOMERY

Kilmeny du vieux verger

Traduit de l'anglais par
Michèle Marineau

ÉDITIONS QUÉBEC/AMÉRIQUE

425, rue Saint-Jean-Baptiste, Montréal (Québec) H2Y 2Z7
tél. : (514) 393-1450 Fax : (514) 866-2430

Données de catalogage avant publication (Canada)

Montgomery, L. M. (Lucy Maud), 1874-1942
[Kilmeny of the Orchard. Français]
Kilmeny du vieux verger
(Collection Anne ; 12)
Traduction de : Kilmeny of the Orchard.
Publié à l'origine dans la coll. : Littérature d'Amérique. Traduction. c1992.

ISBN 2-89037-861-6
I. Titre. II. Titre : Kilmeny of the Orchard. Français. III. Collection :
Montgomery, L.M. (Lucy Maud), 1874-1942. Collection Anne ; 12.
PS8526.O55K514 1995   C813'.52   C95-941612-9
PS9526.O55K514 1995
PR9199.3.M6K514 1995

*Les Éditions Québec/Amérique bénéficient du programme de
subvention globale du Conseil des Arts du Canada.*

Titre original : *Kilmeny of the orchard*
Première édition au Canada :
L.C. Page & Co., 1910
Traduction © Ruth Macdonald,
and David Macdonald, 1992.

© 1995 Éditions Québec/Amérique inc.

Dépôt légal : 4ᵉ trimestre 1995
Bibliothèque nationale du Québec
Bibliothèque nationale du Canada

Je dédie ce livre,
avec toute mon affection,
à ma cousine
Beatrice A. McIntyre

Kilmeny leva les yeux, adorable et gracieuse,
Mais, sur son visage, aucune trace de sourire ;
Fixe était son visage et fixe son regard,
Immobiles et figés comme la verte prairie
Ou comme la brume posée sur une mer étale.

Pareille beauté, aucun barde jamais ne pourra la chanter,
Car elle ne possédait ni orgueil ni passion.

Sa tunique, c'était le lis,
Ses joues, la rose mousseuse sous la pluie ;
Et sa voix avait les accents d'une lointaine mélodie
Flottant au crépuscule sur les flots infinis.

James Hogg, « The Queen's Wake »

Table des chapitres

I

Les réflexions d'un jeune homme

En ce début de printemps, un pâle et doux soleil couleur de miel baignait les terrains et les bâtiments de brique rouge de Queenslea College. Ses rayons, perçant entre les branches nues et bourgeonnantes des érables et des ormes, mouchetaient les sentiers de délicates taches ocre et dorées et ranimaient les jonquilles qui dressaient leurs têtes vertes et effrontées sous les fenêtres du vestiaire des étudiantes.

Une petite brise d'avril, aussi fraîche et douce que si elle avait soufflé sur les champs de la mémoire plutôt que dans des rues misérables, bruissait dans les cimes des arbres et agitait les vrilles lâches du lierre tapissant la façade du bâtiment principal. C'était une brise porteuse de multiples messages, mais elle ne racontait rien qui ne se trouvât déjà dans le cœur de celui qui l'écoutait. Aux étudiants qui, devant la foule admirative des parents et des sœurs, venaient de recevoir leur diplôme des mains du « Vieux Charlie », le sévère recteur de Queenslea College, peut-être cette brise parlait-elle de doux espoirs, de brillants succès et de grandes réalisations. Elle vibrait des rêves que nourrit la jeunesse, ces rêves qui ne se réaliseront peut-être jamais entièrement, mais qui n'en sont pas moins importants. Que Dieu vienne en aide à celui qui n'a jamais entretenu de tels rêves, à celui qui, à l'heure de quitter son *alma mater*, n'a pas bâti déjà de nombreux châteaux en Espagne. Celui-là n'a pas su profiter de sa chance.

La foule sortit et s'éparpilla sur le campus avant de se disperser dans les nombreuses rues qui naissaient plus loin. Eric Marshall et David Baker s'éloignèrent côte à côte. Le premier, qui venait d'obtenir son diplôme de la Faculté des arts, s'était classé premier de promotion. Son compagnon, qui était venu assister à la cérémonie, éclatait de fierté devant les succès d'Eric.

Une longue et solide amitié liait les jeunes gens, même si, sur le plan strictement chronologique, David avait dix ans de plus qu'Eric, et qu'il en possédait cent de plus si l'on tenait compte de son expérience et de sa connaissance intime des difficultés de l'existence, qui font vieillir un homme plus rapidement et plus sûrement que le simple passage des ans.

Physiquement, les deux hommes ne se ressemblaient pas du tout, bien qu'ils fussent cousins au second degré. Eric Marshall était grand et musclé; il avait les épaules larges et avançait d'un pas souple et assuré qui révélait beaucoup de force et d'énergie en réserve. C'était l'un de ces hommes au sujet desquels les individus moins favorisés par le sort sont en droit de se demander pourquoi celui-là a été à ce point favorisé par le ciel. Non seulement avait-il reçu l'intelligence et un physique agréable, il possédait également cette qualité indéfinissable qu'on appelle le charme et qui n'a pas grand-chose à voir avec la beauté physique ou les capacités intellectuelles. Il avait des yeux gris-bleu au regard ferme, un menton volontaire et des cheveux châtain foncé dont les vagues prenaient des reflets dorés au soleil. C'était un fils de riche, au passé droit et franc et à l'avenir prometteur. On le considérait comme un esprit rationnel, peu enclin aux rêves romantiques ou aux visions d'aucune sorte.

« Je crains fort que, de toute sa vie, Eric Marshall ne s'abandonne jamais à la moindre action chimérique, avait observé un professeur de Queenslea réputé pour ses remarques sibyllines. Mais si un jour cela lui arrivait, il posséderait alors la seule chose qui lui manque. »

David Baker, le compagnon d'Eric, était petit et trapu, et ses traits irréguliers composaient un visage laid mais plein de charme. Il avait les yeux bruns, perçants et secrets, et une bouche au pli amusé qu'il pouvait à volonté rendre sarcastique, moqueuse ou charmeuse. Il s'exprimait généralement d'une voix douce et musicale comme celle d'une femme ; mais les rares personnes qui avaient eu l'occasion de voir David Baker animé d'une juste colère et d'entendre les paroles coupantes qui s'échappaient alors de ses lèvres n'éprouvaient aucune envie de voir l'expérience se répéter.

Il était médecin, spécialiste des problèmes de la gorge et de la parole, et sa réputation commençait à s'étendre dans tout le pays. Il était membre de la Faculté de médecine de Queenslea, et on murmurait que, d'ici peu, il serait appelé à occuper un poste important à l'université McGill.

Sa route vers le succès avait été semée d'embûches et de difficultés qui auraient découragé la plupart des hommes. L'année où naquit Eric, David Baker était garçon de courses pour les magasins à rayons Marshall & Cie. Treize ans plus tard, il obtenait, avec grande distinction, son diplôme de la Faculté de médecine de Queenslea. M. Marshall lui avait fourni toute l'aide que ce jeune homme fier et résolu avait daigné accepter. Il avait même insisté pour l'envoyer poursuivre des études postuniversitaires à Londres et en Allemagne.

Avec le temps, David Baker remboursa jusqu'au dernier sou les sommes que M. Marshall avait dépensées pour lui, mais jamais il ne cessa de nourrir un sentiment de profonde gratitude envers cet homme bon et généreux, et l'affection qu'il portait à son fils était plus forte encore que l'amour qu'il aurait pu éprouver pour un frère.

Il avait suivi avec un intérêt soutenu les études universitaires d'Eric. Il aurait souhaité qu'Eric entreprenne des études de droit ou de médecine, à présent qu'il avait obtenu son diplôme de la Faculté des arts, et il fut fort déçu d'apprendre que le jeune homme avait décidé de s'associer aux affaires de son père.

« C'est un gaspillage éhonté de talents, grommela-t-il pendant qu'ils revenaient à pied de l'université. À toi la gloire et les honneurs, si tu décidais de faire ton droit. Tu es fait pour être avocat, toi qui as la langue bien pendue, et c'est un véritable affront à la Providence que d'utiliser tes talents à des fins commerciales, un refus pur et simple de ta destinée. Où est passée ton ambition, mon vieux ?

— Là où elle doit être, répliqua Eric avec un rire spontané. Ce n'est peut-être pas ton genre d'ambition, mais il y a de la place pour toutes sortes d'ambitions dans notre jeune et vigoureux pays. Oui, je vais joindre l'entreprise familiale. D'abord parce que c'est le désir le plus cher de mon père depuis le jour de ma naissance et qu'il serait terriblement déçu si j'y renonçais maintenant. Il m'a encouragé à fréquenter la Faculté des arts parce qu'il croit aux bienfaits d'une éducation libérale, mais, à présent que j'ai mon diplôme, il veut que je me joigne à l'entreprise.

— Il ne t'empêcherait pas de faire autre chose, si tu y tenais vraiment.

— Non, il ne m'en empêcherait pas. Mais vois-tu, mon vieux David, je n'y tiens pas vraiment. Tu as une telle horreur des affaires que tu n'es même pas capable d'imaginer que d'autres puissent aimer cela. Il y a beaucoup d'avocats de par le monde – trop, peut-être –, mais il n'y aura jamais trop d'hommes d'affaires compétents et honnêtes, intéressés à bâtir de grandes et belles choses pour améliorer le sort de l'humanité et servir leur pays, capables de former de grands projets et de les mener à bien avec intelligence et courage, d'administrer, de diriger, de se fixer des buts élevés et de faire en sorte d'atteindre ces buts. Ça y est, me voici en train de faire preuve d'éloquence, alors il vaut mieux que j'arrête. Tu parlais d'ambition, vieux frère ? Mais je suis rempli d'ambition, je bouillonne d'ambition. J'ai l'intention de faire connaître les grands magasins Marshall & Cie d'un océan à l'autre. Père n'a d'abord été qu'un jeune homme pauvre ayant grandi dans une ferme de Nouvelle-Écosse. Il a mis sur pied une entreprise qui s'est acquis une réputation à la grandeur de la province. J'ai l'intention de poursuivre son travail. Dans cinq ans, nous serons connus dans toutes les Provinces maritimes ; dans dix, dans le Canada tout entier. Je veux que Marshall & Cie ait un poids non négligeable dans les intérêts commerciaux du pays. N'est-ce pas là une ambition aussi honorable que d'essayer de transformer le noir en blanc devant des juges, ou de découvrir quelque nouvelle maladie au nom barbare, à seule fin de désespérer de pauvres diables qui, autrement, seraient morts paisibles et heureux en ignorant ce qui les rongeait ?

— Quand tu commences à faire des blagues de mauvais goût, c'est qu'il est temps d'arrêter de discuter avec toi, répondit David en haussant ses fortes épaules. Fais à ta tête, mais attends-toi à en subir les conséquences. J'aurais autant de succès à tenter d'assiéger une citadelle à moi tout seul qu'à essayer de te faire changer d'idée une fois que tu t'es mis quelque chose en tête. Ouf, cette rue est particulièrement éreintante ! Veux-tu bien me dire pourquoi nos ancêtres ont eu l'idée de bâtir une ville à flanc de colline ? Je ne suis ni aussi mince ni aussi en forme que je l'étais il y a dix ans, le jour où *moi* j'ai obtenu mon diplôme. Au fait, j'ai été étonné de voir le nombre de jeunes filles dans ta promotion : sauf erreur, elles étaient vingt. Il n'y avait que deux femmes dans ma promotion, et elles étaient les premières à fréquenter Queenslea. Elles n'étaient plus très jeunes, se distinguaient par leur air revêche et sinistre, et, même dans leurs meilleures années, devaient redouter d'avoir à se regarder dans un miroir. Mais, attention, c'étaient des femmes remarquables, oui, remarquables. Les temps ont beaucoup changé, si j'en juge par les jeunes filles que j'ai aperçues aujourd'hui. L'une d'elles, en particulier, avait à peine dix-huit ans et semblait avoir été créée à partir d'or, de pétales de rose et de gouttes de rosée.

— L'oracle est poète, à ce que je vois, railla Eric. Il s'agit de Florence Percival, première de la promotion en mathématiques, aussi vrai que je suis là. Beaucoup de mes condisciples la considèrent comme la plus belle fille de la promotion. Je ne suis pas de cet avis. Ce type de beauté blonde et poupine ne m'attire guère. Je préfère celui d'Agnès Campion. L'as-tu remarquée ? La grande brune aux cheveux en torsade et au teint éclatant qui s'est distinguée en philosophie.

— En effet, je l'ai remarquée, répondit David d'un ton appuyé tout en observant son ami du coin de l'œil. Non seulement je l'ai remarquée, je l'ai même scrutée attentivement, car quelqu'un, derrière moi, après avoir murmuré son nom, a ajouté une précision du plus haut intérêt. D'après cette personne, Mlle Campion est la future Mme Eric Marshall. Après quoi j'ai observé cette jeune fille de tous mes yeux.

— Il n'y a rien de vrai dans ces racontars, répliqua Eric d'un air contrarié. Agnès et moi sommes d'excellents amis, et c'est tout. De toutes les femmes que je connais, c'est pour elle que j'éprouve le plus d'estime et d'admiration ; toutefois, si la future Mme Eric Marshall existe, je ne l'ai pas encore rencontrée. Je ne l'ai même pas encore cherchée... et je n'ai pas l'intention de le faire avant quelques années. J'ai autre chose en tête, conclut-il d'un ton où perçait un tel dédain que n'importe qui, en l'entendant, aurait pu prédire qu'il serait puni, un jour, si Cupidon n'était pas sourd en plus d'être aveugle.

— Tu vas rencontrer cette dame un jour, déclara David avec une ironie contenue. Et, malgré le mépris que tu montres aujourd'hui, je me risque à prédire que, si le sort ne te la présente pas d'ici peu, tu vas bientôt te mettre à sa recherche. Un petit conseil, ô fils d'une mère admirable : quand tu vas faire ta cour, n'oublie pas ton bon sens au vestiaire.

— Crois-tu vraiment que je pourrais l'oublier ? s'enquit Eric d'un ton amusé.

— Disons que je me méfie de toi, répondit David en hochant la tête d'un air avisé. Tu as hérité du bon sens des habitants des Basses-Terres d'Écosse, ce qui est rassurant ; mais ta petite grand-mère venue des Hautes-Terres t'a également légué une trace de sang celtique. Et lorsqu'un homme a cela dans le sang, on ne sait jamais à quel moment son héritage celtique va se réveiller, ni dans quels excès il va l'entraîner, notamment dans le domaine amoureux. Tu pourrais fort bien, à cause d'un joli visage, perdre la tête pour une idiote ou pour une chipie, et le regretter toute ta vie. Lorsque tu choisiras une épouse, n'oublie pas que je me réserve le droit de te faire part de mon opinion franche et sincère à son sujet.

— Fais-moi part de toutes les opinions que tu voudras, mais n'oublie pas que c'est mon opinion, et la mienne seule, qui, en définitive, aura quelque importance, rétorqua Eric.

— Que le diable t'emporte, ô rejeton obstiné d'une race obstinée ! grogna David en le regardant avec affection. Je le sais bien, que seule importera ton opinion, et c'est pour cette raison que je ne me sentirai soulagé que lorsque je te verrai marié à une fille qui te convienne. Ce n'est pas difficile à trouver. Neuf filles sur dix, dans ce pays qui est le nôtre, seraient dignes d'un palais. Mais il ne faut pas sous-estimer la dixième.

— Tu me fais penser à Elsa la futée*, ce personnage de conte de fées qui s'inquiétait de l'avenir de ses enfants encore à naître, protesta Eric.

— On se moque à tort de cette femme, répliqua gravement David. Nous, médecins, le savons bien. Peut-être a-t-elle quelque peu forcé la dose en s'inquiétant ainsi, mais le principe est parfaitement louable. Si les gens s'inquiétaient un peu plus de leurs enfants à naître – au moins pour leur assurer un héritage sain sur les plans physique, mental et moral – et cessaient de s'en inquiéter après leur naissance, le monde dans lequel nous vivons serait nettement plus agréable, et l'espèce humaine accomplirait plus de progrès en une génération qu'elle n'en a fait depuis la préhistoire.

— Oh la la! si tu te mets à enfourcher ton dada et à parler d'hérédité, je ne vais pas discuter avec toi, mon vieux David. Mais pour ce qui est de me précipiter vers le mariage, pourquoi est-ce que tu n...» Eric était sur le point de dire: «Pourquoi est-ce que tu n'épouses pas toi-même une jeune fille convenable afin de me montrer l'exemple?» Mais il se retint. Il savait que David Baker portait au cœur une vieille blessure qu'il valait mieux ne pas raviver, même par boutade, malgré leur longue et sincère amitié. Il modifia donc sa question pour demander: «Pourquoi est-ce que tu ne laisses pas les dieux décider eux-mêmes de mon sort, comme il se doit? Il me semblait que tu croyais fermement à la prédestination, David.

— Eh bien, oui, j'y crois, jusqu'à un certain point, répondit prudemment David. Je crois, ainsi que le disait mon adorable

---

*   «Elsa la futée» : Conte des célèbres auteurs allemands Jacob et Wilhelm Grimm, que Lucy Maud Montgomery affectionnait tout particulièrement. *(N. D. T.)*

vieille tante, que ce qui doit arriver arrive, et que ce qui ne
doit pas arriver arrive parfois. Et ce sont de tels imprévus qui
dérangent le cours des choses. Je suppose que tu me prends
pour un vieil imbécile, Eric, mais j'ai une plus grande expé-
rience du monde que toi, et je crois, comme Arthur dans un
poème de Tennyson, qu'"'il n'est sur terre maître plus tyran-
nique ni plus subtil que la première passion d'un jeune
homme pour une jeune fille". J'aimerais te savoir heureux en
amour avec une honnête femme aussitôt que possible, c'est
tout. Je regrette que Mlle Campion ne soit pas la femme de ta
vie. J'ai aimé ce que j'ai vu, oui. Elle est bonne, solide et
sincère... et elle a les yeux d'une femme capable d'offrir un
amour de qualité De plus, elle est bien née, bien élevée et
cultivée : trois qualités essentielles chez une femme appelée à
remplacer ta mère, mon ami !

— Je suis d'accord avec toi, laissa tomber Eric avec
insouciance. Je ne pourrais pas épouser une femme qui ne
posséderait pas ces qualités. Cependant, comme je l'ai déjà
dit, je ne suis pas amoureux d'Agnès Campion. Et même si je
l'étais, ça ne donnerait rien. Elle est pratiquement fiancée à
Larry West. Tu te souviens de West ?

— Ce grand type dégingandé avec lequel tu t'étais lié
d'amitié au cours de tes deux premières années à Queenslea ?
Oui, qu'est-il advenu de lui ?

— Il a dû abandonner après la deuxième année pour des
raisons d'argent. Il doit payer lui-même ses études, tu sais.
Depuis deux ans, il est instituteur dans un trou perdu à l'Île-
du-Prince-Édouard. Il n'est pas vraiment en forme, le pauvre
gars. Il n'a jamais joui d'une santé de fer, et il a étudié sans
relâche. Je n'ai eu aucune nouvelle de lui depuis février. À
l'époque, il craignait de ne pouvoir résister jusqu'à la fin de
l'année scolaire. J'espère qu'il ne va pas craquer. C'est un
chic type, qui mérite bien l'amour d'Agnès Campion. Bon,
nous voici rendus. Tu entres un instant, David ?

— Pas cet après-midi, je n'ai pas le temps. Je dois filer à la Pointe-du-Nord pour examiner un homme dont la gorge est absolument étonnante. Personne n'arrive à trouver quel est son problème. C'est une véritable énigme pour tous les médecins qui l'ont examiné. Pour moi aussi, d'ailleurs, mais je vais finir par découvrir ce qui ne va pas chez lui, à condition toutefois qu'il vive assez longtemps. »

II

La lettre du destin

Eric, constatant que son père n'était pas encore revenu de l'université, s'installa dans la bibliothèque pour lire une lettre qu'il venait de trouver dans l'entrée. Elle était de Larry West, et, après en avoir lu les premières lignes, Eric perdit son air distrait et prit au contraire une expression de grand intérêt.

Je t'écris aujourd'hui pour te demander un service, Marshall, écrivait West. Pour tout dire, je suis tombé aux mains des philistins... autrement dit des médecins. J'ai été plutôt mal en point tout l'hiver, mais j'ai tenu bon en espérant pouvoir finir l'année.

La semaine dernière, ma logeuse – une sainte portant lunettes et robe de calicot – m'a regardé un matin au petit déjeuner et m'a dit, *très* doucement : « Il faut que vous alliez en ville demain, monsieur l'instituteur, et que vous consultiez un médecin. »

J'ai obéi sans même songer à résister à cet ordre. Mme Williamson est Celle-à-qui-personne-ne-résiste. Elle a l'embêtante manie de vous faire comprendre qu'elle a parfaitement raison et que vous seriez un parfait imbécile de ne pas suivre ses conseils. Elle donne l'impression de savoir dès aujourd'hui ce que vous allez penser demain.

À Charlottetown, j'ai consulté un médecin. Il m'a palpé, il m'a tapoté et il m'a flanqué son stéthoscope partout en collant son oreille à l'autre extrémité, pour finalement me dire que je devais cesser de travailler « tout de suite et immédiatement » et me précipiter sur-le-champ vers un lieu qui ne soit pas affligé par ces vents du nord-est qui balaient l'Île-du-Prince-Édouard au printemps. Interdiction absolue de travailler d'ici à l'automne. Ce sont là les ordres du médecin, et Mme Williamson l'approuve complètement.

Je vais terminer la semaine en cours, juste avant les trois semaines de vacances du printemps. J'aimerais que tu viennes me remplacer en tant que pédagogue à l'école de Lindsay pour la dernière semaine de mai et le mois de juin. L'année scolaire prendra fin à ce moment-là, et il y aura alors des tas d'instituteurs intéressés par ce poste, mais, dans l'immédiat, il m'est impossible de trouver un remplaçant convenable. Quelques-uns de mes élèves préparent l'examen d'entrée à *Queen's Academy*, et je hais l'idée de les laisser en plan, tout comme je hais la perspective de les livrer au bon vouloir d'un instituteur de troisième ordre qui connaît à peine le latin et encore moins le grec. Viens t'occuper de l'école jusqu'à la fin du semestre, ô fils choyé de l'argent et du luxe. Il te sera extrêmement profitable d'apprendre à quel point on se sent riche quand, par son seul travail et ses seuls efforts, on gagne vingt-cinq dollars par semaine !

Sérieusement, Marshall, j'espère que tu pourras venir parce qu'il n'y a personne d'autre à qui je puisse demander cela. Le travail n'est pas difficile, mais tu vas sans doute le trouver bien monotone. Évidemment, ce petit village de fermiers sur la côte nord n'est pas des plus animés. Le lever et le coucher du soleil sont les moments les plus excitants d'une journée normale. Mais les gens sont particulièrement gentils et accueillants. De plus, l'Île-du-Prince-Édouard au mois de juin offre un spectacle rarement vu, sinon en rêve. Il y a de la truite dans l'étang, et, au port, tu trouveras toujours quelque vieux pêcheur pour t'emmener pêcher la morue ou lever des casiers de homards.

Je te lègue ma chambre. La pension, modeste mais confortable, n'est pas trop éloignée de l'école, juste assez pour te permettre de faire une saine promenade. Mme Williamson est la plus adorable des femmes ; et c'est une de ces cuisinières d'autrefois qui vous régalent de mets riches et copieux et qui valent leur pesant d'or.

Son époux, Robert – ou plutôt Bob, comme tout le monde l'appelle en dépit de ses soixante ans –, est un fameux numéro. Ce vieux bonhomme bavard comme une pie a le sens

de l'anecdote savoureuse et il met son nez
dans les affaires de tout le monde. Il sait tout
sur les habitants de Lindsay des trois dernières
générations.

Ils n'ont pas d'enfants, mais le vieux Bob a
un chat noir qu'il chérit comme la prunelle de
ses yeux. L'animal s'appelle Timothy, et c'est
ainsi qu'il te faudra toujours l'appeler et en
parler. Si tu tiens à l'estime de Robert, ne te
laisse jamais prendre à appeler son favori « le
chat » ni même « Tim ». Il ne te le pardonne-
rait jamais et jugerait que tu n'es pas digne
d'avoir la charge de l'école.

Tu auras ma chambre, une petite pièce au-
dessus de la cuisine ; le plafond, d'un côté,
s'incline suivant la pente du toit, et tu t'y co-
gneras la tête d'innombrables fois avant de finir
par te souvenir de sa présence ; quant au miroir,
il te renverra l'image d'un œil petit comme un
pois, et d'un autre gros comme une orange.

Mais, pour racheter ces inconvénients,
l'approvisionnement en serviettes est géné-
reux et irréprochable ; et la fenêtre qui s'ouvre
vers l'ouest t'offrira chaque jour le spectacle
admirable de la baie de Lindsay et, plus loin,
du golfe qui s'étend vers l'horizon et qui est
d'une beauté ineffable. Le soleil se couche
pendant que je t'écris, et je découvre « une
mer de cristal mêlée de feu » semblable à celle
qu'a dû apercevoir le visionnaire de Patmos*.
Un navire s'éloigne vers un horizon d'or, de

---

* Le visionnaire de Patmos : Saint Jean, qui était à Patmos lorsqu'il
reçut les révélations de l'Apocalypse. (N. D. T.)

perle et de pourpre ; le feu tournant qui se dresse
à l'extrémité du cap de l'autre côté de la baie
vient d'être allumé, et, comme disait le poète
Keats, il scintille et clignote comme un phare
« ... sur l'écume

De mers périlleuses, en des terres de légende
perdues*. »

Télégraphie-moi ta réponse, et, si tu peux
venir, présente-toi au poste le 23 mai.

M. Marshall fit son entrée au moment où Eric repliait
pensivement la lettre. Le père d'Eric ressemblait plus à un
vieux pasteur bienveillant ou à un philanthrope qu'à ce qu'il
était vraiment, c'est-à-dire un homme d'affaires perspicace,
rusé et même impitoyable, mais qui restait cependant juste et
honnête. Il avait un visage rond et rose, bordé de favoris
blancs, une belle tête à la longue chevelure neigeuse et une
bouche aux lèvres minces. Seule une lueur au fond de ses
yeux bleus amenait celui qui aurait voulu le tromper en
affaires à y penser à deux fois avant de s'y risquer.
Il était clair qu'Eric tenait sa beauté physique et sa dis-
tinction de sa mère, dont une photo ornait le mur sombre
entre deux fenêtres. Elle était morte jeune, alors qu'Eric
n'avait que dix ans. Durant sa vie, elle avait été l'objet d'une
ardente dévotion autant de la part de son époux que de celle
de son fils ; et son visage – où se lisaient la beauté, la douceur
et la force – prouvait qu'elle avait été digne de leur amour et
de leur dévotion. Ses traits se retrouvaient en version
masculine chez Eric. La chevelure châtaine dégageait le front
de la même manière ; et les yeux du fils rappelaient ceux de

---

* « Ode à un rossignol » (« Ode to a Nightingale »), de John Keats.
Traduction d'Albert Laffay, publiée aux Éditions Aubier-Flammarion.
(N. D. T.)

la mère, jusque dans cette expression mi-tendre mi-songeuse qu'on y découvrait lorsqu'ils étaient d'humeur méditative.

M. Marshall était très fier des succès de son fils à l'université, mais il était bien décidé à ne pas le laisser voir. Il aimait plus que tout ce fils dont les yeux ressemblaient tant à ceux de sa mère, et il avait mis en lui tous ses espoirs et toutes ses ambitions.

«Dieu merci, cette cérémonie est finie, s'exclama-t-il d'un air irrité en se laissant choir dans son fauteuil favori.

— Vous n'avez pas trouvé le programme intéressant? s'enquit distraitement Eric.

— Des bêtises, en grande partie, grommela son père. Je n'ai aimé que deux choses: la prière en latin de Charlie, et toutes ces jolies jeunes filles qui trottinaient pour aller chercher leur diplôme. Seul le latin convient vraiment à la prière, du moins quand elle est récitée par un homme qui a une voix comme celle du vieux Charlie. Il a une telle façon de faire rouler et ronfler les mots que le simple fait d'entendre ces merveilleuses sonorités me donne le goût de me précipiter à genoux pour prier. Quant à ces jeunes filles, elles étaient jolies comme des cœurs, tu ne trouves pas? Agnès est vraiment la plus belle du lot, si tu veux mon avis. J'espère que c'est vrai que tu lui fais la cour, Eric.

— Bon sang, papa, s'écria Eric, tiraillé entre le rire et l'irritation, vous êtes-vous consultés, David Baker et vous, pour me pousser vers le mariage, que je le veuille ou non?

— Je n'ai pas échangé un seul mot à ce sujet avec David Baker, se défendit M. Marshall.

— C'est donc que vous êtes aussi agaçant et insistant que lui. En revenant de l'université, de tout le trajet, il n'a pas cessé de me sermonner à ce sujet. Mais pourquoi êtes-vous si pressé de me voir marié, papa?

— Parce que je veux une maîtresse de maison dans cette demeure le plus tôt possible. Il n'y en a pas eu une seule depuis la mort de ta mère. J'en ai assez des gouvernantes. Sans compter que je veux voir tes enfants avant de mourir, Eric, et que je suis un vieillard, à présent.

— Je comprends votre désir, papa, répondit doucement Eric en jetant un regard vers la photo de sa mère. Mais je ne peux quand même pas me précipiter et épouser quelqu'un au pied levé, n'est-ce pas ? Et je crains qu'il ne serait guère approprié de passer une petite annonce pour me trouver une épouse, même en cette époque placée sous le signe de l'expansion commerciale.

— Mais n'y a-t-il *personne* pour qui tu éprouves un tendre penchant ? voulut savoir M. Marshall, avec l'air patient d'un homme qui ferme les yeux sur les blagues futiles de la jeunesse.

— Non, je n'ai pas encore rencontré la femme qui ferait battre mon cœur plus rapidement.

— Je me demande vraiment de quoi sont faits les jeunes gens, de nos jours, grommela son père. À ton âge, j'étais déjà tombé amoureux une demi-douzaine de fois.

— Peut-être en effet étiez-vous "tombé amoureux". Mais vous n'aviez réellement aimé aucune femme avant de rencontrer maman. Je le sais. Et je sais aussi que vous n'étiez plus un tout jeune homme quand cela s'est produit.

— Le problème, c'est que tu es trop difficile. Oui, c'est ça le problème !

— Peut-être, en effet, suis-je trop difficile. Quand un homme a eu une mère comme la mienne, ses critères en matière féminine risquent d'être assez élevés. Laissons tomber ce sujet, papa. J'ai ici une lettre que j'aimerais vous faire lire. Elle vient de Larry.

— Hum ! grogna M. Marshall quand il eut fini sa lecture. Ainsi, Larry se retrouve sur le dos. J'ai toujours su que ça finirait par arriver. C'est quand même malheureux. C'est un chic type. Alors, vas-tu y aller ?

— Je crois que oui, à moins que vous ne vous y opposiez.

— Tu risques de trouver le temps long, si j'en juge par la description que Larry fait de Lindsay.

— Sans doute. Mais je ne vais pas là-bas pour m'amuser. J'y vais pour rendre service à Larry et pour voir de quoi a l'air l'Île-du-Prince-Édouard.

— Oh, ça vaut la peine d'être vu, à certaines périodes de l'année, admit M. Marshall. Quand je me trouve à l'Île-du-Prince-Édouard en été, je ne peux qu'approuver un vieil Écossais de là-bas que j'ai connu à Winnipeg. Il passait son temps à parler de "l'Île". Un jour, quelqu'un lui a demandé : "De quelle île voulez-vous parler ?" Si tu avais vu le regard qu'il a lancé à cet ignorant ! Puis il a dit : "Mais l'Île-du-Prince-Édouard, bien sûr. *Existe-t-il d'autres îles ?*" Vas-y si ça te tente. Tu as besoin de repos après la corvée des examens, et avant de t'atteler aux affaires. Mais prends bien garde de ne pas t'attirer d'ennuis, jeune homme.

— Cela ne risque guère de m'arriver dans un endroit comme Lindsay, je suppose, fit remarquer Eric en riant.

— Crois-moi, le diable n'est jamais à court de tentations, à Lindsay autant qu'ailleurs. Le drame le plus horrible dont j'aie jamais entendu parler s'est produit sur une ferme isolée, à quinze milles du chemin de fer et à cinq du magasin le plus proche. Je m'attends néanmoins à ce que le fils de ta mère se conduise en homme de bien, dans la crainte de Dieu et des hommes. Le pire qui puisse t'arriver, c'est probablement qu'une femme sans moralité t'entraîne vers le sommeil dans un lit de fortune. Si cela se produisait, puisse le Seigneur avoir pitié de ton âme ! »

III

L'instituteur de Lindsay

À Lindsay, un mois plus tard, Eric Marshall sortit un soir de la vieille école blanchie à la chaux puis il en verrouilla la porte, couverte d'innombrables initiales gravées au couteau et constituée d'une double épaisseur de planches, de façon à pouvoir résister à tous les assauts possibles et imaginables.

Les élèves d'Eric étaient rentrés chez eux une heure auparavant, mais l'instituteur s'était attardé pour résoudre quelques problèmes d'algèbre et corriger les versions latines de ses élèves les plus avancés.

Les rayons jaunes et chauds du soleil déclinant perçaient l'épais bosquet d'érables qui se trouvait à l'ouest du bâtiment, et l'ombre verte tapie sous le couvert des arbres s'embrasait en un flamboiement doré. Des moutons broutaient l'herbe épaisse dans un coin éloigné de la cour d'école ; une clochette à vaches, quelque part dans l'érablière, tintait doucement dans l'air pur et immobile qui, en dépit de sa douceur, conservait une trace de la saine âpreté du printemps canadien. Le monde entier, en cet instant, semblait s'être transformé en un songe agréable et serein.

Le paysage était paisible et bucolique. Presque trop paisible, songea le jeune homme en haussant les épaules, alors que, debout dans l'escalier usé, il regardait autour de lui. Il se demanda, avec un petit sourire à ses dépens, comment il allait réussir à passer tout un mois dans un lieu comme celui-là.

«C'est papa qui rirait s'il savait que j'en ai déjà assez de cet endroit», se dit-il en traversant la cour pour rejoindre la longue route de terre rouge qui passait devant l'école. «Bon, une semaine de passée, c'est toujours ça de pris. J'ai travaillé pour gagner ma vie pendant cinq jours complets, et c'est quelque chose que je n'avais encore jamais pu dire au cours de mes vingt-quatre années d'existence. C'est une pensée des plus excitantes. Par contre, enseigner à Lindsay est loin d'être excitant, du moins dans une école aussi disciplinée que celle-ci, où les élèves sont si désespérément sages que je ne jouis même pas du traditionnel plaisir de punir les méchants garnements. Tout marche comme sur des roulettes dans ce haut lieu du savoir. Larry devait être particulièrement doué pour l'organisation et l'entraînement. J'ai le sentiment de n'être qu'un gros rouage dans une machine bien huilée qui fonctionne toute seule. J'ai cru comprendre, toutefois, que certains élèves ne se sont pas encore présentés devant moi et que ces gamins, si j'en crois tous les rapports, n'ont pas encore été amenés à dépouiller le vieil homme. Peut-être ajouteront-ils un peu d'intérêt à la classe. Et quelques autres compositions dans le style de celle que m'a remise John Reid mettraient du piquant dans ma vie professionnelle.»

Le rire d'Eric réveilla les échos tandis qu'il s'engageait sur la route qui descendait la colline. Ce matin-là, il avait laissé ses élèves de quatrième année choisir eux-mêmes leurs sujets de composition, et John Reid, un gamin sérieux et terre à terre que n'avait jamais effleuré le moindre brin d'humour, influencé par la suggestion que lui avait soufflée un camarade espiègle, avait choisi comme sujet «Les fréquentations».

Chaque fois qu'Eric repensait à la première phrase de John, son visage était parcouru d'un irrésistible frémissement amusé : «Les fréquentations, c'est une chose très agréable où trop de personnes vont trop loin.»

Dans le lointain, les collines et les hautes terres, voilées par les brumes pourpres et perlées du printemps, apparaissaient frissonnantes et immatérielles. De chaque côté de la route, juste à la limite de celle-ci, de jeunes érables aux feuilles vert tendre poussaient en rangs serrés, mais, au-delà des arbres, s'étendaient des champs émeraude inondés de soleil, sur lesquels les ombres des nuages roulaient et s'épaississaient avant de s'évanouir. Plus loin encore, au pied des champs, somnolait l'océan calme et bleu ; il soupirait parfois dans son sommeil, exhalant ce murmure qui hante à jamais l'oreille de ceux qui ont eu la chance de naître près de lui.

De temps à autre, Eric apercevait un gamin vêtu d'une chemise à carreaux, les jambes nues, à califourchon sur un cheval, ou encore un fermier à l'air sagace, grimpé dans une charrette, qui le saluait de la tête en lançant un joyeux : «Ça va, m'sieur l'instituteur ?» Une adolescente le croisa. Elle avait un visage ovale et rose, des fossettes et de beaux yeux sombres où se lisait un mélange de coquetterie et de timidité. À la voir, on devinait qu'elle n'aurait pas refusé de faire plus ample connaissance avec le nouvel instituteur.

À mi-hauteur de la colline, Eric croisa un vieux cheval tirant péniblement une charrette délabrée. Il était conduit par une femme dont on devinait qu'elle faisait partie de ces êtres ternes qui, de toute leur vie, n'ont jamais ressenti la moindre émotion agréable. Elle fit stopper son cheval et, du manche noueux d'un parapluie fané et décharné, elle invita Eric à s'approcher.

«J'imagine que vous êtes le nouvel instituteur, non ?» demanda-t-elle.

Eric reconnut qu'elle avait raison.

« J'suis ben contente de vous voir, poursuivit-elle en lui tendant une main couverte d'un gant de coton maintes fois reprisé qui avait déjà été noir. J'étais ben triste de voir partir M. West, vu que c'était un vrai bon instituteur, et qu'en plus il avait aucune méchanceté et qu'il aurait pas fait mal à une mouche. Mais, chaque fois que je posais les yeux sur lui, j'y disais que s'il y avait une personne sur la terre qui souffrait de consomption, c'était ben lui. *Vous*, vous m'avez l'air en bonne santé. Mais c'est vrai que les apparences peuvent être trompeuses, des fois. J'avais un frère qui était bâti comme vous, mais y'est mort dans l'Ouest, dans un accident de train, quand il était encore ben jeune.

« Je vas vous envoyer mon gars à l'école, la semaine prochaine. Il était censé y aller c'te semaine, mais il a fallu que je le garde à la maison pour qu'il m'aide à planter mes *pétaques*, vu que son père est un paresseux qui veut pas travailler pis qu'il y a pas moyen de faire travailler.

« Sandy – son vrai nom c'est Edward Alexander, du nom d'ses deux grands-pères – haït l'école pour mourir. Il a toujours haï ça. Mais pour y aller, il va y aller, vu que je suis ben décidée à ce qu'il apprenne encore *queques* affaires. Je vous avertis, vous allez avoir du trouble avec lui, m'sieur l'instituteur, vu qu'il est bête comme un âne pis plus têtu que la mule à Salomon. Mais écoutez-moi ben, m'sieur l'instituteur, je suis entièrement de votre bord. Donnez-y une bonne râclée s'il en mérite une, pis envoyez-moi un mot à la maison pour m'avertir, pour que je lui en donne une moi aussi.

« Y'a du monde qui prennent tout l'temps pour leurs enfants quand y s'passe *queque* chose à l'école, mais c'est pas mon genre pis ça l'a jamais été. Vous pouvez compter sur Rebecca Reid à chaque fois, m'sieur l'instituteur.

— Merci, je suis en effet certain de pouvoir compter sur vous », répondit Eric de son air le plus engageant.

Il réussit à garder son sérieux jusqu'à ce qu'il soit hors de vue. Mme Reid poursuivit sa route, le cœur réchauffé par un peu de douceur, ce vieux cœur qui s'était tellement endurci à force de pauvreté et de travail acharné auprès d'un mari paresseux « qui voulait pas travailler et qu'il y avait pas moyen de faire travailler », qu'il n'était guère porté à l'indulgence face aux représentants du sexe opposé. Mme Reid se dit que ce jeune homme était bien sympathique.

Eric connaissait déjà de vue la plupart des habitants de Lindsay. Toutefois, au pied de la colline, il rencontra deux hommes, un jeune et un vieux, qu'il n'avait encore jamais vus. Assis dans une antique charrette à l'air minable, ils faisaient boire leur cheval au ruisseau qui coulait en bruissant sous le petit pont de planches du vallon.

Eric les observa avec curiosité. Ils n'avaient en rien l'apparence habituelle des habitants de Lindsay. Le jeune homme, surtout, semblait d'origine étrangère, malgré la chemise à carreaux et le pantalon de toile grossière qui semblaient constituer la tenue de travail habituelle des jeunes fermiers de Lindsay. Il avait un corps mince et souple, des épaules tombantes, et son col ouvert dénudait une gorge brune, nerveuse et satinée. Son épaisse chevelure noire était bouclée et soyeuse, et la main qui pendait le long de la charrette était exceptionnellement longue et fine. Ses traits, bien qu'un peu lourds, étaient d'une grande beauté, et il avait le teint mat, sauf sur les joues délicatement pourprées. Sa bouche était aussi rouge et aussi sensuelle que celle d'une fille, et ses yeux étaient grands, noirs et hardis. À tout prendre, c'était un jeune homme d'une beauté remarquable ; il affichait cependant un air renfrogné et évoquait aux yeux d'Eric quelque créature sinueuse et féline en train de se chauffer paresseusement au soleil, mais prête à bondir au moment le plus inattendu.

L'autre occupant de la charrette était un homme de près de soixante-dix ans. Il avait des cheveux gris acier, une longue et épaisse barbe grise, des traits rudes et des yeux noisette profondément enfoncés sous d'épais sourcils en bataille. De toute évidence, il possédait un grand corps maigre et disgracieux et des épaules voûtées. Sa bouche aux lèvres serrées et au pli inflexible donnait l'impression de n'avoir jamais souri. À vrai dire, la notion de sourire ne pouvait absolument pas être associée à cet homme et semblait même parfaitement incongrue. Pourtant, ce n'était pas un visage antipathique, et il y avait, chez cet individu, quelque chose qui excitait l'attention d'Eric.

Celui-ci, qui se flattait d'être physionomiste, était persuadé que l'homme qui se tenait devant lui n'avait rien des fermiers cordiaux et loquaces qu'il avait rencontrés jusqu'à maintenant à Lindsay.

Longtemps après que la vieille charrette eut gravi péniblement la colline, avec, à son bord, cet équipage mal assorti, Eric se surprit à penser à l'austère vieillard aux sourcils broussailleux et au jeune homme aux yeux noirs et aux lèvres vermeilles.

IV

Propos à l'heure du thé

La maison des Williamson, où logeait Eric, se trouvait au sommet de la colline suivante. Il aimait cet endroit autant que l'avait prédit Larry West. Les Williamson, à l'instar de tous les habitants de Lindsay, présumaient qu'Eric, comme Larry West avant lui, était un étudiant pauvre qui devait travailler pour payer ses études. Eric ne dissipa pas ce malentendu, tout en ne disant rien qui pût l'étayer.

Les Williamson prenaient le thé à la cuisine lorsque Eric entra. Mme Williamson était réellement la « sainte portant lunettes et robe de calicot » que Larry avait décrite. Eric l'aimait beaucoup. C'était une frêle créature aux cheveux gris, dont le mince et doux visage aux traits fins portait les traces profondes d'une longue souffrance. Elle parlait peu, mais, comme le veut l'expression, elle ne parlait jamais pour ne rien dire. La seule chose qui étonnât Eric était qu'une femme comme elle ait épousé Robert Williamson.

Mme Williamson sourit d'un air maternel à Eric lorsque celui-ci, après avoir accroché son chapeau au mur blanchi à la chaux, prit place à table. La fenêtre qui se trouvait derrière lui s'ouvrait sur un bosquet de bouleaux frissonnants et somptueux dans le couchant, tandis que la brise gonflait en vagues dorées le tapis broussailleux s'étalant à leurs pieds.

Assis sur un banc, le vieux Robert Williamson faisait face à l'instituteur. C'était un petit vieillard maigre, perdu dans des vêtements beaucoup trop grands pour lui. Quand il ouvrait la bouche, sa voix se révélait aussi mince et grinçante que lui.

À l'autre extrémité du banc se trouvait Timothy, onctueux et suffisant, avec sa poitrine neigeuse et ses pattes blanches. Le vieux Robert, après chacune de ses bouchées, donnait un morceau de nourriture à Timothy, qui l'avalait avec délicatesse en ronronnant de gratitude.

« Vous voyez, m'sieur l'instituteur, nous sommes affairés à vous attendre, fit savoir le vieux Robert. Vous arrivez tard, ce soir. Vous avez gardé des élèves en retenue ? C'est bête de leur infliger une punition comme celle-là, qui vous punit autant qu'eux. L'instituteur qu'on avait il y a quatre ans avait l'habitude de les enfermer dans l'école avant de partir. Une heure après, il retournait les libérer... s'ils étaient encore là. Ils n'y étaient pas toujours. Une fois, Tom Ferguson a réussi à faire sauter les panneaux de la vieille porte et il est sorti par là. On l'a remplacée par une porte faite par deux rangs de planches. Comme ça, ils ne sont pas capables de la défoncer.

— Je me suis attardé à l'école pour travailler, répondit brièvement Eric.

— En tout cas, vous avez raté Alexander Tracy. Il est passé voir si vous saviez jouer aux dames. Quand je lui ai dit que oui, il m'a chargé de vous dire de passer chez lui, un soir dans pas grand-temps, pour faire une partie. Battez-le pas trop souvent, même si vous êtes capable. Je vous le dis, m'sieur l'instituteur, il va falloir que vous l'ayez de votre bord quand son gars va se mettre à aller à l'école et qu'il va vous causer des ennuis. Seth Tracy est un petit effronté qui cherche rien que le trouble et la bataille. Il essaye de tenir tête à tous les nouveaux instituteurs, et il a réussi à en faire partir deux. Mais, avec M. West, il a trouvé à qui parler. Les gars de William Tracy, par contre, vous aurez aucun problème avec eux autres. Ils sont toujours bien sages parce que leur mère répète tous les dimanches qu'ils vont aller direct en enfer s'ils obéissent pas à l'école. C'est efficace. Prenez donc un peu de confitures, m'sieur l'instituteur. Nous autres, on est pas comme Mme Adam Scott. Elle, quand elle a des pensionnaires, elle dit : "J'suppose que vous voulez pas de ça, ni vous non plus ?" Hé, *sa mère*, Aleck m'a dit que le vieux George Wright se la coule pas mal douce en ce moment. Sa femme est partie rendre visite à sa sœur, à Charlottetown, et George peut faire ce qu'il veut pour la première fois depuis leur mariage, il y a quarante ans. D'après Aleck, il fait la belle vie. Il fume dans le salon et il reste debout jusqu'à onze heures à lire des romans à quatre sous.

— J'ai peut-être aperçu M. Tracy, l'interrompit Eric. Est-ce que c'est un homme de haute taille, avec des cheveux gris et un visage sévère ?

— Non, Aleck est plutôt rondelet, toujours de bonne humeur, et il a cessé de grandir avant même d'avoir commencé. Celui que vous avez vu, je dirais que c'est Thomas Gordon. Je l'ai vu descendre la route, lui aussi. Ayez pas peur, lui, il vous lancera pas des invitations à passer chez eux. Les Gordon sont pas tellement sociables, c'est le moins qu'on puisse dire. Non, monsieur ! *Sa mère*, passe donc les biscottes à l'instituteur.

— Qui était le jeune homme qui l'accompagnait ? demanda Eric avec curiosité.

— Neil. Neil Gordon.

— C'est un nom qui me semble très écossais pour quelqu'un qui a un visage et des yeux comme les siens. Je me

serais plutôt attendu à Giuseppe ou Angelo. Ce garçon a le
type italien.

— Ben, vous savez, m'sieur l'instituteur, c'est pas telle-
ment étonnant que vous pensiez ça, vu que c'est ça qu'il est.
Vous avez frappé en plein dans le mille. Un Italien, oui,
m'sieur ! Et même un peu trop Italien à mon goût, si vous
voulez savoir.

— Et comment se fait-il qu'un jeune Italien répondant à
un nom écossais vive dans un endroit comme Lindsay ?

— Eh bien, m'sieur l'instituteur, ça s'est passé comme ça.
Il y a à peu près vingt-deux ans... Est-ce que ça fait vingt-
deux ans, *sa mère*, ou vingt-quatre ? Vingt-deux, oui, c'était
l'année que notre petit Jim est né, et il aurait eu vingt-deux
ans cette année s'il avait vécu, le pauvre petit gars. Bon,
donc, il y a vingt-deux ans, un couple de colporteurs italiens
s'est présenté chez les Gordon. À l'époque, la région était
infestée par c'te race-là. Je lâchais mon chien en moyenne
une fois par jour sur un d'entre eux.

« Toujours est-il que ceux qui se sont présentés chez les
Gordon, ils étaient mari et femme, et que la femme est
tombée malade chez eux. Janet Gordon l'a prise chez eux et
l'a soignée. Le lendemain, un bébé est né, mais la femme est
morte. La première chose qu'on a sue, le père s'est sauvé. Il a
pris ses cliques pis ses claques, et on n'en a plus jamais en-
tendu parler. Les Gordon sont restés avec le bébé sur les bras.
Tout le monde leur a conseillé de l'envoyer à l'orphelinat, et
c'est sûrement ce qu'ils auraient eu de mieux à faire, mais les
Gordon ont jamais suivi les conseils de personne. Le vieux
James Gordon était encore en vie, à cette époque-là – c'était
le père de Thomas et Janet –, et il a dit que jamais il jetterait
un enfant à la rue. C'était un vieux bonhomme autoritaire
qui aimait faire la pluie pis le beau temps. Les gens disaient
qu'il en voulait au soleil de se lever et de se coucher sans sa
permission. Toujours est-il qu'ils ont gardé le bébé. Ils l'ont

appelé Neil et ils l'ont fait baptiser comme n'importe quel chrétien. Il a toujours vécu avec eux. Ils s'en sont bien occupés. Ils l'ont envoyé à l'école et à l'église, et ils l'ont toujours traité comme quelqu'un de la famille. Il y en a même qui trouvent qu'ils en ont trop fait pour lui. C'est pas toujours la meilleure chose à faire avec ces gens-là. Comme on dit, "De méchant œuf, méchant oiseau", si on y met pas fermement le holà. Neil est intelligent et travaillant, à ce qu'on m'a dit. Mais, dans le coin, les gens l'aiment pas beaucoup. Ils disent qu'on peut pas lui faire confiance dès qu'on a le dos tourné... et peut-être même avant. C'est sûr qu'il s'énerve pas mal vite. Une fois, du temps qu'il allait encore à l'école, il a failli tuer un gars qu'il avait pris en grippe : il lui a serré le cou jusqu'à ce que l'autre soit violet, et il a fallu lui faire lâcher le gars de force.

— Voyons, *son père*, tu sais bien que les enfants n'arrêtaient pas de lui faire des misères, protesta Mme Williamson. Le pauvre garçon a vécu des moments épouvantables à l'école, monsieur l'instituteur. Les autres enfants passaient leur temps à lui rappeler ses origines et à lui crier des injures.

— C'est sûr qu'ils le tourmentaient pas mal, admit son époux. Il joue pas mal bien du violon et il apprécie la compagnie. Il se tient souvent dans le port. Mais il paraîtrait que de temps en temps il pique des crises de mauvaise humeur et qu'il peut passer un bon bout de temps sans dire un mot à personne. Ce serait pas tellement étonnant, à force de vivre avec les Gordon. Ils sont tous plus ou moins fêlés.

— *Son père*, tu ne devrais pas parler comme ça de tes voisins, le sermonna sa femme.

— Voyons, *sa mère*, toi aussi tu dirais la même chose, si seulement tu parlais franchement. Mais tu es comme la vieille tante Nancy Scott, tu parles jamais en mal de quelqu'un, sauf s'il s'agit d'affaires. Tu sais bien que les Gordon sont pas comme tout le monde, qu'ils l'ont jamais été et qu'ils le seront jamais. C'est à peu près les seules personnes bizarres qu'on ait à Lindsay, m'sieur l'instituteur, à part le vieux Peter Cook, qui a vingt-cinq chats chez lui. Pensez-y, m'sieur l'instituteur, vingt-cinq ! Les pauvres souris ont aucune chance. À Lindsay, il n'y a personne d'autre de fêlé. En tout cas, s'il y en a parmi nous autres qui le sont, on s'en est pas encore rendu compte. Mais je suis forcé de dire qu'on est pas tellement intéressants non plus.

— Où habitent les Gordon ? s'enquit Eric, qui avait appris à poursuivre un point précis en dépit des méandres pour le moins étonnants dans lesquels se perdait parfois la conversation du vieux Robert.

— Un peu plus haut par là-bas, à un demi-mille à l'intérieur de la route de Radnor, derrière une épaisse forêt d'épinettes qui les sépare du reste du monde. Ils vont jamais nulle part, sauf à l'église – ils manquent jamais d'assister au culte –, et personne va jamais chez eux. Il y a juste le vieux Thomas, sa sœur Janet, leur nièce et ce Neil dont on vient de parler. Et personne va m'empêcher de penser et de dire qu'ils sont bizarres, pas jasants et pas accueillants, même pas toi, *sa mère*. Allez, verse-moi une tasse de thé et fais pas attention à ce que je dis. En parlant de thé, sais-tu que Mme Adam Palmer et Mme Jim Martin ont pris le thé ensemble chez Foster Reid mercredi passé ?

— Il me semblait pourtant qu'elles étaient brouillées, fit remarquer Mme Williamson avec une pointe de curiosité féminine.

— Elles sont toujours brouillées, crains pas. Mais ça s'adonne qu'elles ont toutes les deux rendu visite à Mme Foster le même après-midi. Aucune se décidait à partir, pour pas avoir l'air de plier devant l'autre. Mme Foster dit qu'elle a jamais passé un après-midi aussi pénible que celui-là de toute sa vie. Elle faisait un bout de jasette avec une des femmes, puis après ça avec l'autre. Les deux visiteuses, elles, s'adressaient tout le temps à Mme Foster, même si elles parlaient juste l'une de l'autre. Mme Foster dit qu'elle pensait vraiment être obligée de les garder toute la nuit, étant donné qu'aucune des deux se décidait à partir avant l'autre. Finalement, Jim Martin est venu chercher sa femme, il pensait qu'elle s'était prise dans les marécages, et c'est comme ça que le problème s'est réglé. M'sieur l'instituteur, vous mangez rien. Occupez-vous pas du fait que j'ai fini ; j'avais commencé une demi-heure avant que vous arriviez, et, de toute façon, il faut que je me dépêche. Mon homme de peine est parti chez lui. Il a entendu le coq chanter à minuit, la nuit passée, et il est allé voir qui, dans sa famille, vient de mourir. Il sait que quelqu'un est mort. Il lui est déjà arrivé une fois d'entendre chanter le coq au beau milieu de la nuit, et, le lendemain, il a appris qu'un de ses cousins au deuxième degré était mort, là-bas, à Souris. *Sa mère*, si l'instituteur veut pas reprendre de thé, t'aurais pas un peu de crème pour Timothy ? »

V

Une créature de rêve

Ce soir-là, peu avant le coucher du soleil, Eric fit une promenade. Quand il ne se rendait pas sur le rivage, il aimait faire de longues randonnées à travers les champs et les bois de Lindsay, dans la douceur de cette saison délicieuse. La plupart des maisons de Lindsay s'élevaient le long de la route principale, parallèle au rivage, ou autour des boutiques de ce qu'on appelait « le Coin ». Les fermes se trouvaient en retrait, dans la solitude des bois et des pâturages.

En quittant la ferme des Williamson, Eric s'éloigna vers le sud-ouest, une direction qu'il n'avait pas encore explorée. Il marchait d'un pas vif, sensible au charme quasi magique de la terre, de l'air et du ciel de cette journée de printemps. Il subissait ce charme, il l'aimait et il s'y abandonnait, ainsi qu'il convient à tout individu sain de corps et d'esprit.

Le bois d'épinettes dans lequel il se retrouva était criblé de flèches de lumière rubis décochées par le soleil couchant. Eric s'y enfonça, le long d'un sentier pourpre dont le sol était sombre et élastique sous ses pas. Débouchant du sentier, il aperçut un spectacle qui l'emplit d'étonnement.

Il n'y avait pas une maison en vue. Devant Eric s'étalait à présent un vieux verger, de toute évidence négligé et oublié depuis longtemps. Mais les vergers ont la vie dure, et celui-ci, qui avait déjà dû être un lieu délicieux, possédait encore beaucoup de charme. Ce charme n'était en rien diminué par l'atmosphère de douce mélancolie qui l'enveloppait, cette mélancolie qui envahit les lieux qui ont jadis vu s'épanouir des joies, des plaisirs et des vies nouvelles, mais qui sont à présent désertés ; les lieux où des cœurs ont battu plus vite, où des pouls se sont accélérés, où des yeux ont brillé de joie, où des voix joyeuses se sont élevées. L'écho de ces bonheurs semble s'attarder en ces lieux privilégiés, même après de longues années de silence.

Le verger était vaste. Une vieille clôture délabrée, décolorée par les soleils d'étés à jamais disparus, en faisait le tour. Le long de la clôture, à intervalles réguliers, s'élevaient de grands sapins noueux. Le vent du soir, plus doux encore que celui qui souffle sur les épices du Liban, murmurait dans leurs cimes un chant vieux comme le monde qui prenait possession des âmes et les ramenait à l'aube des temps.

Vers l'est, Eric aperçut un bois de sapins très dense. Le pourtour était marqué par de minuscules sapins émergeant à peine des herbes environnantes. De là, la taille des arbres croissait graduellement jusqu'à atteindre celle des vétérans du centre du boisé. La gradation était si régulière que l'ensemble donnait l'impression d'un mur vert, solide et incliné, si joliment dense qu'ont eût dit que c'était une main d'artiste qui avait ainsi taillé ce volume au fini velouté.

Le sol du verger était presque entièrement envahi par un épais tapis de longues herbes, sauf à l'extrémité où se tenait Eric. Là, un carré sans arbres révélait qu'il y avait déjà eu un potager à cet emplacement. On y distinguait encore des allées, bordées par des pierres et de gros cailloux. Il y avait également deux massifs de lilas, l'un couvert de fleurs violettes, l'autre de fleurs blanches. Entre les deux s'étalait une plate-bande de fleurs aux têtes étoilées, communément appelées lis de juin. Leur parfum pénétrant s'exhalait dans l'air humide à chaque souffle du vent. Des rosiers poussaient le long de la clôture, mais ce n'était pas encore la saison des roses. Un peu plus loin s'étendait le verger lui-même, trois longues rangées d'arbres espacées par de vertes allées, chaque arbre magnifiquement chargé de fleurs roses et blanches.

Le charme de ce lieu prit possession d'Eric comme rien ne l'avait fait auparavant. Le jeune homme n'était pas porté aux rêveries romantiques, mais le verger s'empara doucement de lui, l'attirant en son sein, et Eric ne s'appartint jamais plus complètement par la suite. Il pénétra dans le verger en enjambant une portion de la clôture à moitié effondrée et, sans le savoir, alla à la rencontre de tout ce que la vie lui réservait.

Il suivit l'allée centrale, bordée de longs rameaux sinueux parsemés de fleurs délicates au cœur rosé. Lorsqu'il atteignit la limite sud du verger, il se laissa choir dans un coin herbeux près de la clôture, où s'élevait un autre massif de lilas, au pied duquel il découvrit des fougères et des violettes. D'où il était, il aperçut le pignon gris d'une maison, un quart de mille plus loin, émergeant d'une sombre forêt d'épinettes. L'endroit semblait lugubre et isolé, et Eric ne savait pas qui pouvait bien y vivre.

Le paysage offrait une large vue vers l'ouest, au-dessus de champs lointains et indistincts et de vallons bleus et brumeux. Le soleil venait tout juste de se coucher, et l'univers de vertes prairies qui s'étendait devant Eric était tout entier baigné de lumière dorée. Par-delà une longue vallée envahie par l'ombre surgissaient le haut pays du couchant et d'immenses lacs rose et safran dans lesquels on aurait pu se perdre. Avec la rosée du soir, l'air se chargea d'odeurs, dont celle d'un tapis de menthe sauvage qu'Eric avait piétiné. Soudain, dans les bois tout autour, des merles se mirent à siffler leur chant doux et clair.

« Voilà un véritable "refuge d'une époque paisible et lointaine", se dit Eric, évoquant un vers de Tennyson, avec un regard ravi autour de lui. Je pourrais m'endormir dans un tel lieu, y faire des songes et y avoir des visions. Quel ciel ! Peut-on imaginer spectacle plus divin que ce bleu clair et pur qui s'étend vers l'est, ou ces fragiles nuages blancs qui ressemblent à de la dentelle ? Et l'odeur des lilas me fait tourner la tête. Je me demande s'il est possible de s'enivrer avec de tels parfums. Quant à ces pommiers... Mais... que se passe-t-il ? »

Eric se leva d'un bond et tendit l'oreille en retenant son souffle, étonné et ravi. Dans la douce paix du soir, mêlé au murmure du vent dans les arbres et au chant cristallin des merles, lui parvenait l'écho d'une musique délicieuse, absolument incroyable. S'agissait-il d'un rêve ? Non, elle était bien réelle, cette musique qu'une main inspirée par l'esprit même de l'harmonie faisait naître de l'âme d'un violon. Eric n'avait jamais rien entendu de semblable ; et, confusément, il sentait qu'une telle musique n'avait jamais été entendue avant ce jour ; il avait la conviction qu'elle naissait spontanément dans l'âme du violoniste invisible et que c'était la première fois qu'elle se traduisait ainsi en sons, des sons exquis, aériens et délicats qui n'avaient rien de terrestre et qui exprimaient l'essence de la musique.

C'était une mélodie insaisissable et obsédante, étrangement appropriée au lieu et au moment ; on y retrouvait les soupirs du vent dans les bois, le mystérieux murmure des herbes à l'heure où se dépose la rosée, les blanches pensées des lis de juin, l'allégresse des fleurs de pommier ; l'esprit de tous les sons qu'avait connus le verger au cours d'années à présent disparues : les rires et les chants, les larmes, les réjouissances et les sanglots d'antan ; et, s'ajoutant à tout cela, la plainte émouvante d'une âme prisonnière cherchant à s'échapper et à s'exprimer.

D'abord, Eric resta figé, immobile et muet, sous le charme de cette musique. Puis une curiosité bien naturelle l'envahit.

Qui, à Lindsay, pouvait jouer du violon de cette façon? Et qui pouvait bien en jouer dans ce vieux verger abandonné, un lieu plutôt incongru pour un tel exercice?

Le jeune instituteur se leva et suivit à nouveau la longue allée blanche, le plus lentement et le plus silencieusement possible, de crainte d'interrompre le musicien. Lorsqu'il parvint à l'emplacement de l'ancien potager, la surprise le figea de nouveau sur place. Une fois encore, il n'était pas loin de croire qu'il était en train de rêver.

Sous le gros lilas blanc se trouvait un vieux banc de bois branlant sur lequel une jeune fille jouait d'un antique violon marron. Les yeux fixés sur le lointain horizon, elle n'aperçut pas Eric. Pendant quelques instants, il resta debout à l'observer. L'image de cette jeune fille, dans ses moindres détails, resta à jamais gravée dans le souvenir d'Eric. Jusqu'à son dernier jour, il se remémora cette scène avec une entière fidélité : le velours sombre du bois d'épinettes, la courbe lumineuse du ciel, le balancement des fleurs de lilas, et, au cœur de cette beauté, la jeune fille assise sur le vieux banc, son violon coincé sous le menton.

Parmi les femmes qu'Eric avait rencontrées au cours de ses vingt-quatre années d'existence, il y en avait eu des centaines de jolies, des vingtaines de ravissantes et à peine une demi-douzaine de vraiment belles. Mais il sut immédiatement, sans l'ombre d'un doute, qu'il n'avait jamais vu, ni même imaginé, une créature aussi exquise que la jeune fille du verger. Sa beauté était si totale qu'il en eut le souffle coupé de ravissement.

Elle avait un visage d'un ovale parfait, dont le moindre trait, ciselé avec précision, portait la marque de cette pureté absolue et sans faille que l'on retrouve chez les anges et les madones des maîtres anciens et qui n'est touchée par aucune souillure terrestre. Elle était tête nue, et son épaisse chevelure de jais, séparée par une raie médiane, retombait sur ses épaules en deux lourdes tresses soyeuses. Ses yeux étaient d'un bleu qu'Eric n'avait jamais vu dans des yeux auparavant, le bleu de la mer dans la lumière immobile qui suit un beau coucher de soleil; ils étaient aussi brillants que les étoiles qui se levaient sur la baie de Lindsay dans les dernières lueurs du couchant, bordés d'immenses cils couleur de suie et surmontés de délicats sourcils noirs et arqués. Sa peau était aussi fine et d'une nuance aussi pure que le cœur d'une rose blanche. L'encolure ronde de sa robe à l'imprimé bleu pâle dégageait une gorge mince et satinée; ses manches étaient relevées au-dessus des coudes, et la main qui dirigeait l'archet surpassait peut-être en beauté tout le reste : de forme et de texture parfaites, blanche et ferme, aux doigts effilés terminés par des ongles délicatement rosés. Une longue grappe de lilas ployait doucement au-dessus de la jeune fille, effleurant sa chevelure et projetant une ombre tremblante sur son visage semblable à une fleur.

Il y avait en elle quelque chose d'enfantin, et pourtant elle devait bien compter dix-huit délicieux printemps. Elle semblait jouer sans être vraiment consciente de son jeu, comme si ses pensées erraient au loin, dans quelque pays de rêve niché dans les cieux. Puis elle détacha son regard de la frontière du couchant, et ses yeux magnifiques se posèrent sur Eric, debout devant elle dans l'ombre du pommier.

L'altération subite de ses traits fut saisissante. La jeune fille sauta sur ses pieds, cessant brutalement de jouer, et son archet lui glissa des mains et tomba par terre. Son visage devint pâle comme neige, et elle se mit à trembler comme un lis de juin agité par le vent.

« Je vous demande pardon, s'empressa de dire Eric. Je suis désolé de vous avoir effrayée. Mais votre musique était si belle que j'ai oublié que vous n'étiez pas consciente de ma présence ici. Je vous prie de me pardonner. »

Il s'interrompit, consterné, en se rendant subitement compte que le visage de la jeune fille reflétait la terreur; pas seulement la crainte étonnée d'une créature timide et enfantine qui s'était crue seule dans les bois, mais une terreur totale et absolue, que trahissaient ses lèvres livides et tremblantes et ses yeux dilatés, plongés dans les siens, dont l'expression rappelait celle d'une créature sauvage prise au piège.

Eric fut blessé de constater qu'une femme pouvait le regarder de la sorte, lui qui avait toujours montré un tel respect pour la gent féminine.

« N'ayez pas peur », reprit-il d'une voix douce. Il ne songeait qu'à calmer sa peur et lui parlait comme il aurait parlé à un enfant. « Je ne vous ferai aucun mal. Vous êtes en sûreté, tout à fait en sûreté. »

Dans son désir de la rassurer, il fit un pas involontaire dans sa direction. Elle tourna aussitôt les talons et, sans un son, traversa le verger en courant, se faufila dans un trou de la clôture du côté nord et poursuivit sa course le long de ce qui semblait être un petit chemin en bordure du bois de sapins qui s'étendait plus loin, un petit chemin au-dessus duquel retombaient des branches de cerisiers sauvages qui apparaissaient d'une blancheur brumeuse dans les ténèbres envahissantes. Avant qu'Eric eût pu se ressaisir, elle avait disparu parmi les sapins.

Le jeune homme se baissa et ramassa l'archet. Il se sentait un peu idiot, et très embêté.

« Voilà une rencontre bien mystérieuse, murmura-t-il avec une légère impatience. M'a-t-on jeté un sort ? Qui est cette jeune fille ? Quelle est même sa nature ? Est-il possible qu'il s'agisse d'une fille de Lindsay ? Et pourquoi diable mon apparition l'a-t-elle effrayée à ce point ? Je ne crois pas être particulièrement hideux, mais une chose est sûre, cette aventure n'a pas vraiment contribué à flatter ma vanité. Peut-être me suis-je aventuré dans un verger enchanté et ai-je été transformé en ogre. À présent que j'y pense, ce lieu a quelque chose de sinistre. Tout peut y arriver. Ce n'est pas un verger ordinaire destiné à produire des pommes qui seront ensuite vendues, voilà qui est évident. Non, c'est un lieu des plus malsains, et il vaudrait mieux que j'en sorte le plus rapidement possible. »

Avec un sourire étrange, il jeta un dernier regard autour de lui. Le jour diminuait rapidement, et le verger était envahi de silences et d'ombres douces et rampantes. On aurait dit qu'il lançait un clin d'œil langoureux et amusé en direction d'Eric, se moquant gentiment de sa perplexité. Le jeune homme déposa l'archet sur le vieux banc.

« Il ne sert à rien de courir après cette jeune fille, et, même si cela servait à quelque chose, je n'en ai pas le moindre droit. J'aurais toutefois souhaité qu'elle ne s'enfuie pas dans un état de terreur aussi évident. Des yeux comme les siens ne devraient jamais exprimer autre chose que la confiance et la tendresse. Pourquoi, mais *pourquoi* a-t-elle eu si peur ? Et qui peut-elle bien être ? »

Sur le chemin du retour, tout en traversant des champs et des pâturages qui prenaient des reflets argentés sous la lune, il réfléchit à ce mystère.

« Voyons voir, récapitula-t-il. M. Williamson me décrivait l'autre soir les jeunes filles de Lindsay. Si ma mémoire est bonne, il a dit qu'il y avait quatre jolies filles dans les environs. Comment s'appelaient-elles, déjà ? Florrie Woods, Melissa Foster – non, Melissa Palmer –, Emma Scott et Jennie May Ferguson. Mon inconnue serait-elle l'une d'elles ? Non, c'est un véritable gaspillage de temps et de matière grise que de supposer cela. Cette fille ne peut être ni une Florrie, ni une Melissa, ni une Emma. Quant à Jennie May, c'est tout à fait hors de question. Cette histoire tient de la sorcellerie, j'en mettrais ma main au feu. Je ferais mieux de l'oublier complètement. »

Cependant, Eric découvrit qu'il lui était impossible de la chasser de son esprit. Plus il s'efforçait de l'oublier, plus le souvenir de cette rencontre se faisait précis et insistant. Le visage exquis de l'inconnue le hantait, et le mystère qu'elle représentait le torturait.

Bien sûr, il savait qu'il pourrait sans doute résoudre rapidement ce mystère en interrogeant les Williamson. Mais, à son grand étonnement, il se rendit compte que cette perspective lui répugnait. Il ne pouvait se résoudre à interroger Robert Williamson, qui ne lui révélerait pas seulement le nom de la jeune fille, mais aussi un flot de potins concernant celle-ci, sa famille et ses ancêtres jusqu'à la troisième ou quatrième génération. S'il lui fallait interroger quelqu'un, mieux valait que ce fût Mme Williamson; mais il préférait malgré tout, si cela était possible, résoudre seul ce mystère.

Il avait prévu descendre au port le lendemain soir. Un des pêcheurs lui avait promis de l'emmener pêcher la morue. Mais il reprit plutôt la direction du sud-ouest à travers les champs.

Il retrouva facilement le verger, alors qu'il s'était presque attendu à ne pas le retrouver. Les odeurs, le vent et la végétation étaient au rendez-vous. Mais personne ne s'y trouvait, et l'archet avait disparu du vieux banc.

« Peut-être s'est-elle glissée jusqu'ici au clair de lune pour venir le chercher », songea Eric, qui se plaisait à imaginer une souple et mince silhouette avançant à pas feutrés, le cœur battant, dans la nuit peuplée d'ombres et de lumière argentée. « Je me demande si elle va venir ce soir, ou si je l'ai chassée à jamais en lui faisant peur. Je vais me cacher derrière ce bosquet d'épinettes et attendre. »

Eric attendit jusqu'à la nuit, mais aucune musique ne s'éleva dans le verger, et personne n'y vint. L'intensité de sa déception l'étonna. Pis encore, elle le contraria. Quelle bêtise que de s'émouvoir ainsi parce qu'une petite fille, qu'il avait vue cinq minutes à peine, avait négligé de se montrer! Où était passé son bon sens, sa « jugeote », comme aurait dit le vieux Robert Williamson? Rien de plus naturel que de se plaire à regarder un joli visage. Mais la vie devait-elle nécessairement lui apparaître fade et sans intérêt parce qu'il ne pouvait pas voir ce visage ? Il se traita d'imbécile et rentra chez lui dans un état de grande irritation. Une fois rendu, il se plongea avec rage dans des équations algébriques et des exercices de géométrie, bien décidé à chasser aussitôt de son esprit d'inutiles visions d'un verger enchanté, baigné de clair de lune, où résonnaient les échos d'une musique féerique.

Le lendemain était un dimanche, et Eric assista deux fois au culte. Le banc des Williamson était sur le côté, à l'avant de l'église, et ses occupants faisaient pratiquement face à toute la congrégation. Eric examina toutes les filles et toutes les femmes de l'assemblée, mais il n'aperçut pas la moindre trace du visage qui, en dépit de sa volonté et de son bon sens, brillait comme une étoile dans son esprit et dans ses souvenirs.

Il remarqua Thomas Gordon, assis tout seul dans un long banc situé vers l'avant. Neil Gordon faisait partie du chœur, qui occupait le premier banc du jubé. Sa voix, puissante et mélodieuse, bien que non formée, dominait les autres et faisait paraître fades les voix plus faibles et plus banales des autres choristes. Il portait un costume de bonne coupe en serge marine, un col blanc et une cravate. Eric nota toutefois distraitement que ces vêtements ne lui allaient pas aussi bien que les vêtements de travail dans lesquels il l'avait vu la première fois. Il avait l'air emprunté dans ses habits du dimanche, et il semblait plus grossier et moins en harmonie avec le monde qui l'entourait.

Pendant deux jours, Eric s'interdit de penser au verger. Le lundi soir, il alla à la pêche à la morue et, le mardi soir, il joua aux dames avec Alexander Tracy. Alexander remporta si facilement la victoire qu'il en perdit à jamais tout respect pour Eric Marshall.

« Il jouait comme s'il avait eu l'esprit ailleurs, se plaignit-il à sa femme. Il fera jamais un bon joueur de dames, jamais en cent ans. »

VI

L'histoire de Kilmeny

Le mercredi soir, Eric retourna au verger, où, une fois encore, il connut une déception. Il rentra chez lui décidé à résoudre ce mystère en se renseignant ouvertement. La chance lui sourit, puisqu'il trouva Mme Williamson seule à la maison, assise dans sa cuisine près de la fenêtre qui s'ouvrait vers l'ouest, en train de tricoter un long bas gris. Elle chantonnait doucement en tricotant, et Timothy formait une boule noire endormie à ses pieds. Mme Williamson posa sur Eric ses grands yeux francs remplis d'affection. Elle avait beaucoup apprécié M. West. Mais Eric avait su se tailler une place au plus secret de son cœur, pour la simple raison que ses yeux ressemblaient étrangement à ceux du fils que, nombre d'années plus tôt, alors qu'il n'était encore qu'un bébé, elle avait enterré dans le cimetière de Lindsay.

« Mme Williamson, commença Eric d'un ton qu'il s'efforçait de rendre indifférent, la semaine dernière, par hasard, je suis tombé sur un vieux verger abandonné, par-delà le boisé qui se trouve là-bas. Un coin sauvage et charmant. Savez-vous à qui il appartient ?

— Je suppose qu'il s'agit du vieux verger des Connors, répondit Mme Williamson après un moment de réflexion. Je l'avais complètement oublié. Ça doit bien faire trente ans que M. et Mme Connors ont quitté la région. Leur maison et les dépendances ont brûlé, et ils ont vendu leurs terres à Thomas Gordon avant d'aller s'installer en ville. Ils sont morts tous les deux, à présent. M. Connors était très fier de son verger. Il n'y avait pas tellement de vergers à Lindsay, à cette époque. À présent, presque tout le monde a le sien.

— Il y avait, dans le verger, une jeune fille qui jouait du violon, ajouta Eric, fâché de constater qu'il lui était difficile de parler d'elle... et que, ce faisant, le sang lui montait au visage. Elle s'est enfuie, terrorisée, aussitôt qu'elle m'a aperçu, et pourtant je ne crois pas avoir dit ou fait quoi que ce soit pour l'effrayer ou pour l'irriter. Je ne sais pas du tout qui elle est. Auriez-vous une idée de son identité ? »

Mme Williamson ne répondit pas immédiatement. Elle déposa son tricot et regarda par la fenêtre, comme si elle réfléchissait sérieusement à quelque question qu'elle se posait à elle-même. Finalement, elle reprit, avec un accent de profond intérêt :

« Je suppose qu'il devait s'agir de Kilmeny Gordon, monsieur l'instituteur.

— Kilmeny Gordon ? Voulez-vous parler de cette nièce de Thomas Gordon que votre mari a déjà mentionnée ?

— Oui.

— J'ai du mal à croire que la jeune fille que j'ai vue puisse faire partie de la famille de Thomas Gordon.

— En tout cas, s'il ne s'agit pas de Kilmeny Gordon, je ne sais pas du tout qui ça pouvait être. Il n'y a pas d'autre maison aux environs du verger, et j'ai entendu dire qu'elle jouait du violon. Si c'était vraiment Kilmeny, vous avez vu quelque chose que peu de gens de Lindsay peuvent se vanter d'avoir vu, monsieur l'instituteur. Et les rares personnes qui l'ont aperçue ne l'ont vue que de loin. Moi-même, je n'ai jamais posé les yeux sur elle. Pas étonnant qu'elle se soit sauvée, la pauvre petite. Elle n'a pas l'habitude des étrangers.

— J'aimerais bien que ce soit là l'unique raison de sa fuite, avoua Eric. Je dois dire que je n'aimais pas tellement l'idée d'avoir effrayé à ce point une jeune fille. Elle était blanche comme un drap, et tellement terrifiée qu'elle n'a pas dit un mot avant de s'enfuir comme une biche aux abois.

— Elle n'aurait pas pu dire un mot, de toute façon, fit calmement remarquer Mme Williamson. Kilmeny Gordon est muette. »

Eric, atterré, resta silencieux un moment. Cette merveilleuse créature, affligée d'un tel malheur... quel sort affreux ! À sa consternation se mêlait un étrange et poignant sentiment de regret et de déception.

« Ce n'était sûrement pas Kilmeny Gordon, alors, finit-il par prostester en se rappelant un détail important. La jeune fille que j'ai vue jouait du violon à merveille. Je n'ai jamais rien entendu de pareil. Il est impossible qu'une sourde-muette ait pu jouer ainsi.

— Oh, elle n'est pas sourde, monsieur l'instituteur », l'interrompit Mme Williamson en lui lançant un regard pénétrant derrière ses lunettes. Elle reprit son ouvrage et se remit à tricoter. « C'est ça qui est bizarre dans cette histoire, à supposer que quelque chose, au sujet de cette fille, soit plus bizarre que le reste. Elle entend aussi bien que tout le monde et comprend tout ce qu'on lui dit. Mais elle est incapable de parler, depuis toujours à ce qu'il paraît. À vrai dire, personne ne sait grand-chose à son sujet. Janet et Thomas n'en parlent jamais, et Neil ne veut rien dire lui non plus. Ce n'est pourtant pas parce qu'il n'a pas été questionné à son sujet, vous pouvez en être sûr, mais il refuse de dire un mot sur Kilmeny, et il se fâche quand les gens insistent.

— Mais pourquoi n'en parlent-ils pas ? demanda Eric avec impatience. Pourquoi ce mystère à son sujet ?

— C'est une bien triste histoire, monsieur l'instituteur. Je suppose que les Gordon considèrent son existence comme une espèce de déshonneur. Personnellement, je trouve ça épouvantable, la façon dont elle a été élevée. Mais les Gordon sont des gens bizarres, M. Marshall. Je me suis permis de réprimander mon homme quand il a dit la même chose, vous vous rappelez, mais il faut admettre que c'est vrai. Ils ont de drôles de façons de faire les choses. Alors, vous avez vraiment vu Kilmeny? De quoi a-t-elle l'air? J'ai entendu dire qu'elle était belle. Est-ce que c'est vrai?

— Je l'ai trouvée très belle, répondit Eric plutôt sèchement. Mais de quelle façon a-t-elle été élevée, Mme Williamson? Et pourquoi?

— Bon, je suppose que je ferais mieux de vous raconter toute l'histoire, monsieur l'instituteur. Kilmeny est la nièce de Thomas et Janet Gordon. Sa mère était Margaret Gordon, leur sœur cadette. Le vieux James Gordon est venu d'Écosse. Janet et Thomas sont nés dans les vieux pays, mais ils sont arrivés ici tout jeunes. Ils n'ont jamais été très sociables, mais ils sortaient quand même jusqu'à un certain point, à cette époque-là, et les gens leur rendaient visite. Ils étaient bons et honnêtes, malgré leurs côtés un peu étranges.

«Mme Gordon est morte quelques années après leur arrivée, et, quatre ans plus tard, James Gordon est retourné en Écosse, d'où il est revenu avec une nouvelle femme. Elle était beaucoup plus jeune que lui, et très jolie, d'après ce que ma mère disait. Elle était gaie et sociable et aimait fréquenter les gens. La maison des Gordon a beaucoup changé, avec son arrivée, et même Janet et Thomas se sont amadoués. J'ai entendu dire qu'ils aimaient profondément leur belle-mère. Puis, six ans après son mariage, la deuxième Mme Gordon est morte à son tour en donnant naissance à Margaret. Il paraît que James Gordon en a eu le cœur brisé.

«Janet s'est chargée d'élever Margaret. Elle et Thomas portaient une véritable adoration à cette enfant, tout comme leur père. J'ai bien connu Margaret Gordon, à une certaine époque. Nous étions du même âge, et nous allions à l'école ensemble. Nous avons toujours été de bonnes amies jusqu'à ce qu'elle se tourne contre le monde entier.

« Elle avait certains côtés étranges, même à cette époque-là, mais je l'ai toujours aimée, contrairement à plusieurs. Elle avait quelques ennemis acharnés, mais aussi des amis dévoués. Voilà comment elle était. Ou bien on la haïssait, ou bien on l'aimait. Et ceux qui l'aimaient auraient donné leur vie pour elle.

« En grandissant, elle devenait très jolie : grande et majestueuse comme une reine, avec d'épaisses tresses noires, des joues rouges et des lèvres plus rouges encore. Les gens se retournaient dans la rue pour la regarder. Je crois qu'elle tirait quelque vanité de sa beauté, monsieur l'instituteur. Et elle était orgueilleuse, ça oui, très orgueilleuse ! Elle voulait être première en tout et ne supportait pas l'échec. Elle était aussi épouvantablement volontaire. Impossible de la faire bouger d'un pouce, monsieur l'instituteur, une fois qu'elle avait décidé quelque chose. Mais elle avait un cœur généreux. Elle chantait comme un ange et était extrêmement intelligente. Elle apprenait tout au premier coup d'œil et elle avait la passion de la lecture.

« À parler d'elle comme ça, tout me revient en mémoire, comment elle était, à quoi elle ressemblait, comment elle parlait et agissait, comment elle bougeait la tête ou les mains. Ma foi, c'est presque comme si elle était ici devant moi plutôt que là-bas au cimetière. J'apprécierais que vous allumiez la lampe, monsieur l'instituteur. Je me sens un peu nerveuse. »

Eric se leva et alluma la lampe, étonné par l'émotivité inhabituelle de Mme Williamson, généralement si calme et maîtresse d'elle-même.

« Merci, monsieur l'instituteur. C'est mieux comme ça. Je vais cesser de m'imaginer que Margaret Gordon est ici en train d'écouter ce que je dis. Cette sensation était particulièrement forte, tantôt.

« Je suppose que vous trouvez que je mets beaucoup de temps à en arriver à Kilmeny, mais j'y arrive, j'y arrive. Je n'avais pas l'intention de parler autant de Margaret, mais, je ne sais pas trop pourquoi, j'ai été envahie par son souvenir.

« Bon, Margaret a réussi ses examens et elle est allée à *Queen's Academy*, où elle a obtenu son brevet d'enseignement. Elle était parmi les premières de sa classe, mais Janet m'a dit qu'elle avait pleuré toute la nuit après l'affichage des résultats parce qu'elle n'était pas *la* première.

« Elle est partie enseigner à Radnor. C'est là qu'elle a rencontré Ronald Fraser. Margaret n'avait jamais eu de soupirant auparavant. Elle aurait pu avoir n'importe quel jeune homme de Lindsay, si elle avait voulu, mais elle n'en regardait aucun. Les gens disaient que c'était parce qu'elle trouvait que personne n'était assez bien pour elle, mais ce n'était pas ça du tout, monsieur l'instituteur. Je le sais parce que Margaret et moi avions l'habitude de parler de ce genre de choses, comme toutes les jeunes filles. Elle ne voyait aucun intérêt à fréquenter un garçon qu'elle n'aurait pas considéré comme un être exceptionnel. Et elle n'éprouvait un tel sentiment pour aucun des garçons de Lindsay.

« Ronald Fraser venait tout juste d'arriver de la Nouvelle-Écosse, et personne ne savait grand-chose à son sujet. Il était veuf, malgré son jeune âge. Il avait ouvert un magasin à Radnor, et ses affaires marchaient bien. C'était un très bel homme, et il possédait ces manières courtoises qui plaisent tant aux femmes. On disait que toutes les filles de Radnor étaient amoureuses de lui, mais personne, pas même son pire ennemi, n'aurait pu prétendre qu'il les encourageait. Il ne les voyait même pas. Mais, dès qu'il a posé les yeux sur Margaret Gordon, il est tombé amoureux d'elle, et elle de lui.

« Le dimanche suivant, ils ont assisté ensemble au culte, ici, à Lindsay, et tout le monde a dit que ces deux-là allaient

finir par se marier. Margaret était ravissante, si tendre et si
féminine. D'habitude, elle avançait la tête haute, mais, ce
dimanche-là, elle la tenait légèrement inclinée, et ses yeux
noirs étaient baissés. Ronald Fraser était un grand blond aux
yeux bleus. Ils formaient un couple magnifique, comme on en
voit rarement.

« Pourtant, ce jeune homme ne trouvait pas grâce aux yeux
du vieux James Gordon, pas plus qu'à ceux de Thomas et Janet.
Je m'en suis bien rendu compte, une fois que j'étais là-bas et
qu'il a ramené Margaret de Radnor un vendredi soir. En fait, je
suppose qu'aucun prétendant n'aurait trouvé grâce à leurs yeux.
Pour eux, personne n'était à la hauteur de Margaret.

« Mais Margaret a fini par les amadouer. Elle faisait d'eux
presque tout ce qu'elle voulait, tellement ils l'aimaient et
tellement ils étaient fiers d'elle. C'est son père qui a résisté le
plus longtemps, mais il a fini par céder et par consentir à son
mariage avec Ronald Fraser.

« Ce fut une grande noce ; tous les voisins étaient invités.
Margaret a toujours aimé en mettre plein la vue. J'étais sa
demoiselle d'honneur, monsieur l'instituteur. Je l'ai aidée à
s'habiller, et il n'y avait rien qui faisait son affaire, tellement
elle voulait être belle en l'honneur de Ronald. C'était une
mariée ravissante, toute de blanc vêtue, avec des roses rouges
dans ses cheveux et à son corsage. Elle avait refusé de porter
des fleurs blanches ; elle disait que ça faisait couronne mor-
tuaire. Elle était jolie comme un cœur. Je la revois clairement
telle qu'elle était ce soir-là, tour à tour pâle et rougissante, et
posant sur Ronald les yeux de l'amour. Si une jeune fille a
jamais aimé un homme de tout son cœur, c'est bien Margaret
Gordon. J'en étais presque effrayée. Elle lui portait cette véné-
ration qu'on ne devrait réserver qu'à Dieu, monsieur l'insti-
tuteur, et je crois qu'un péché comme celui-là est toujours puni.

« Ils se sont installés à Radnor, et, pendant quelque
temps, tout s'est bien passé. Margaret avait une jolie maison,

elle était gaie et heureuse. Elle portait des vêtements élégants et recevait beaucoup. Et puis un jour... eh bien, la première femme de Ronald Fraser a fait son apparition ! Elle n'était pas morte, en fin de compte.

« Quel scandale, monsieur l'instituteur ! Tous ces potins et tous ces cancans, c'était horrible. Tout le monde racontait sa version des faits, et il était difficile de savoir la vérité. Il y en a qui disaient que Ronald Fraser avait toujours su que sa femme était vivante et qu'il avait menti à Margaret. Mais je ne crois pas que ça ait été le cas. Lui jurait qu'il était innocent. Son premier mariage n'avait pas été très heureux, semblait-il, et la mère de sa femme semait la discorde entre eux. Un jour, sa femme était allée rendre visite à sa mère, à Montréal, et elle était morte à l'hôpital au cours de son séjour. C'est du moins ce que Ronald avait appris. Peut-être avait-il mis un peu trop d'empressement à accepter cette nouvelle, mais je suis persuadée qu'il croyait vraiment que sa femme était morte. Selon celle-ci, c'est une autre femme portant le même nom qu'elle qui était morte. Lorsqu'elle s'est rendu compte que Ronald la croyait morte, sa mère et elle ont décidé de ne pas le détromper. Mais quand elle a appris qu'il s'était remarié, elle a jugé bon de lui apprendre la vérité.

« C'était une drôle d'histoire, et je suppose qu'on ne peut pas trop blâmer les gens d'avoir eu du mal à y croire. Mais j'ai toujours senti que c'était vrai. Margaret, elle, n'a pas voulu le croire. Elle était persuadée que Ronald Fraser l'avait honteusement trompée et que, tout ce temps, il savait qu'elle ne pouvait pas être légalement sa femme. Elle s'est retournée contre lui et s'est mise à le haïr avec autant d'ardeur qu'elle l'avait aimé.

« Ronald Fraser a quitté la région avec sa femme légitime, et, moins d'un an plus tard, on a appris qu'il était mort. Il semblerait qu'il soit mort de chagrin, purement et simplement.

« Margaret est revenue vivre chez son père. Et, du jour où elle a franchi le seuil de la maison jusqu'au jour où elle en est sortie dans son cercueil, il y a trois ans, elle n'a jamais mis le pied dehors. Personne, en dehors de sa famille, ne l'a plus jamais revue. J'ai voulu lui rendre visite, mais Janet m'a dit qu'elle refusait de me voir. C'était stupide de la part de Margaret d'agir de la sorte. Elle n'avait rien fait de vraiment mal ; tout le monde se désolait de ce qui lui était arrivé, et chacun était prêt à l'aider. Mais la pitié la blessait aussi profondément que l'auraient fait des reproches, et même plus, parce que voyez-vous, monsieur l'instituteur, elle était trop orgueilleuse pour l'accepter.

« Certains ont prétendu que son père a été dur avec elle ; si c'est vrai, c'était injuste. Janet et Thomas subissaient eux aussi les effets de son déshonneur. Les gens qui avaient l'habitude de fréquenter les Gordon ont rapidement cessé d'aller les voir, car ils se rendaient bien compte qu'ils n'étaient pas les bienvenus.

« Le vieux James Gordon est mort cet hiver-là. Il n'a jamais plus marché la tête haute, après le scandale. Il était membre du conseil presbytéral, mais il a remis sa démission sur-le-champ, et personne n'a réussi à le convaincre de rester.

« Kilmeny est née le printemps suivant, mais personne ne l'a jamais vue, à l'exception du pasteur qui l'a baptisée. Jamais elle n'est allée à l'église ou à l'école. Évidemment, je suppose qu'il n'aurait servi à rien de l'envoyer à l'école si elle ne parlait pas, et il est probable que Margaret lui a appris tout ce qu'elle était en mesure d'apprendre. Mais c'est bien malheureux qu'elle ne soit jamais allée à l'église et qu'elle n'ait jamais joué avec les autres enfants. Et c'est une vraie honte que personne n'ait cherché à savoir pourquoi elle ne pouvait pas parler, ou s'il y avait un moyen de la guérir.

« Margaret Gordon est morte il y a trois ans, et tous les habitants de Lindsay ont assisté aux funérailles. Mais personne ne l'a vue. Le couvercle du cercueil était cloué. Et personne non plus n'a vu Kilmeny. Elle, j'aurais aimé la voir, en mémoire de Margaret, mais je ne voulais pas voir cette pauvre Margaret. Je ne l'avais jamais revue après son mariage, car j'avais quitté Lindsay peu de temps après pour une visite, et, quand je suis revenue, le scandale venait d'éclater. Je me souvenais de Margaret dans tout l'éclat de sa fierté et de sa beauté, et je n'aurais pas supporté de la voir morte et de découvrir sur son visage les terribles flétrissures qui n'avaient pu manquer de s'y inscrire.

« Certains pensaient que Janet et Thomas montreraient Kilmeny au grand jour après la mort de sa mère, mais ils ne l'ont jamais fait, aussi je suppose qu'ils étaient d'accord avec Margaret sur la façon dont elle élevait sa fille. J'ai beaucoup de pitié pour la pauvre enfant, et je trouve que sa famille n'a pas bien agi envers elle, même si elle est affligée de cette étrange infirmité. Sa vie a dû être triste et solitaire.

« Voilà toute l'histoire, monsieur l'instituteur, et je suppose que vous trouvez que j'ai pris beaucoup de temps pour la raconter. Mais le passé semblait revivre pendant que je parlais. Si vous ne voulez pas être assommé de questions au sujet de Kilmeny Gordon, monsieur l'instituteur, vous feriez mieux de ne pas révéler que vous l'avez vue. »

Eric n'avait aucune intention de le faire. Il avait appris tout ce qu'il voulait savoir, et plus encore.

« Ainsi, cette jeune fille est au cœur d'un drame, songeait-il en se rendant à sa chambre. Et elle est muette ! Quelle pitié ! Kilmeny ! Ce nom lui convient tout à fait. Elle est aussi jolie et aussi innocente que l'héroïne de cette vieille ballade. "Et, Dieu, que Kilmeny était jolie !" Le vers suivant, par contre, n'est guère approprié, car ses yeux étaient tout sauf "calmes et fermes"... du moins après qu'elle m'eut aperçu. »

Il s'efforça de la chasser de ses pensées, mais sans succès. Le souvenir de sa beauté exerçait sur lui une attirance irrésistible. Le lendemain soir, il prit à nouveau la direction du verger.

VII

Une jeune fille en fleurs

Lorsque Eric sortit du bois d'épinettes et pénétra dans le verger, son cœur bondit dans sa poitrine, et une bouffée de sang lui monta au visage. Elle était là, penchée sur le massif de lis de juin, au centre du potager. Le jeune homme ne voyait que son profil, blanc et virginal.

Il s'arrêta net, désireux de ne pas l'effrayer à nouveau. Lorsqu'elle leva la tête, il s'attendait à un mouvement de recul de sa part, suivi d'une fuite rapide, mais il s'était trompé ; la jeune fille devint seulement plus pâle et resta immobile à le dévisager avec intensité.

Voyant cela, il marcha lentement vers elle, et, quand il se fut rapproché au point de percevoir le souffle affolé qui s'échappait de ses lèvres tremblantes et légèrement écartées, il lui dit, très doucement :

« N'ayez pas peur. Je suis un ami, et je n'ai pas l'intention de vous déranger ni de vous ennuyer le moins du monde. »

Elle sembla hésiter un moment. Puis elle souleva une ardoise accrochée à sa ceinture, y inscrivit quelques mots d'une petite écriture précise et rapide, puis la lui tendit.

« Je n'ai plus peur de vous, lut le jeune homme. Ma mère m'avait dit que tous les inconnus étaient méchants et dangereux, mais je ne crois pas que vous le soyez. J'ai beaucoup pensé à vous, et je suis désolée de m'être enfuie l'autre soir. »

Eric prit conscience de la totale innocence et de la simplicité de la jeune fille. Plongeant son regard franc dans les yeux encore troublés de Kilmeny, il dit :

« Jamais je ne vous ferai le moindre mal. Certains hommes sont méchants, mais pas tous. Je m'appelle Eric Marshall, et j'enseigne à l'école de Lindsay. Je crois que vous êtes Kilmeny Gordon. J'ai trouvé votre musique si belle, l'autre soir, que, depuis, je rêve de l'entendre à nouveau. Voudriez-vous jouer pour moi ? »

Toute trace de frayeur avait à présent disparu des yeux de Kilmeny, et, soudain, elle sourit, d'un sourire joyeux, enfantin, absolument irrésistible, qui éclaira le calme de son visage comme un rayon de soleil frappe une mer lisse et tranquille. Puis elle écrivit : « Je regrette vraiment de ne pouvoir jouer ce soir. Je n'ai pas apporté mon violon. Mais je vais l'apporter demain soir et je jouerai pour vous si vous voulez. J'aimerais vous faire plaisir. »

Encore cette touche de franchise innocente ! Quelle enfant c'était, quelle belle et ignorante enfant, absolument incapable de cacher ses sentiments ! Mais pourquoi aurait-elle dû les cacher ? Ils étaient aussi purs et aussi beaux qu'elle. Eric lui rendit son sourire avec la même franchise.

« Cela me ferait plaisir plus que je ne saurais le dire, et soyez sûre que je viendrai demain s'il fait beau. Mais si le temps est humide ou mauvais, ne venez pas. Dans ce cas, vous pourrez jouer un autre soir. Et maintenant, allez-vous me donner des fleurs ? »

Elle acquiesça, avec un nouveau petit sourire, et commença à cueillir des lis, choisissant avec soin les fleurs les plus parfaites. Eric observait avec ravissement les mouvements souples et gracieux de Kilmeny. On aurait dit des poèmes. Elle était la personnification même du printemps, comme si le frémissement des jeunes pousses, le rayonnement des petits matins et la douceur évanescente des bourgeons de mille printemps s'étaient incarnés en elle.

Elle s'avança vers lui, radieuse, les mains pleines de lis. Dans l'esprit d'Eric, aussitôt, surgit une strophe d'un de ses poèmes préférés :

Une fleur blanche et vermeille
À peine éclose d'une gaine flétrie
Voilà, par Dieu et tous les saints,
Celle qui sera ma femme, la seule, l'unique

L'instant d'après, il s'en voulait de sa folie. Kilmeny n'était après tout qu'une enfant et, qui plus est, une enfant séparée de ses semblables par sa triste infirmité. Il ne devait pas laisser son esprit divaguer de façon aussi absurde.

«Merci. Ces lis de juin sont les fleurs les plus exquises que nous apporte le printemps. Savez-vous que ces "lis" sont en réalité des narcisses ?»

Kilmeny parut heureuse et intéressée.

«Non, je ne le savais pas, écrivit-elle. J'ai souvent vu ce nom dans des livres, et je me demandais à quoi ressemblait cette fleur. Je n'ai jamais imaginé qu'il s'agissait de mes chers lis de juin. J'aime les fleurs. Ce sont mes grandes amies.

— Vous ne pouviez pas ne pas être amie avec les lis, puisque, dit-on, qui se ressemble s'assemble. Venez vous asseoir ici, sur ce vieux banc où je vous ai fait tellement peur l'autre soir. Je n'arrivais pas à imaginer qui vous étiez, ou ce que vous étiez. Par moments, j'ai même cru avoir rêvé votre présence... Seulement, ajouta-t-il à mi-voix, je n'aurais jamais pu imaginer quelque chose d'aussi joli.»

Elle s'assit près de lui sur le vieux banc et le regarda bien en face. Il n'y avait aucune effronterie dans son regard, seulement une confiance totale et enfantine. Si le jeune homme avait nourri la moindre vilenie en son âme, la moindre arrière-pensée, ces yeux-là les auraient débusquées et lui en auraient fait sentir toute l'ignominie. Mais Eric pouvait les affronter sans crainte. Puis Kilmeny écrivit :

« J'étais terrifiée. Vous avez dû me trouver très stupide, mais je n'avais jamais vu d'homme, à l'exception d'oncle Thomas, de Neil et du vendeur d'œufs. Et vous êtes différent d'eux, oh, très, très différent. J'avais peur de revenir ici, le lendemain. Mais, en même temps, je voulais revenir. Je ne voulais pas que vous pensiez que je ne savais pas me conduire. J'ai envoyé Neil récupérer mon archet, le lendemain matin. Je ne pouvais pas m'en passer. Je ne peux pas parler, vous savez. Est-ce que cela vous dérange ?

— J'en suis profondément malheureux pour vous.

— Oui, mais, ce que je veux dire c'est, m'aimeriez-vous plus si je pouvais parler comme tout le monde ?

— Non, ça ne change rien de ce côté, Kilmeny. Au fait, vous ne m'en voulez pas de vous appeler Kilmeny ? »

La jeune fille sembla perplexe.

« Quel autre nom pourriez-vous me donner ? écrivit-elle. C'est mon nom. Tout le monde m'appelle ainsi.

— Mais comme je suis un étranger pour vous, peut-être préféreriez-vous que je vous appelle Mlle Gordon.

— Oh non ! Je n'aimerais pas cela du tout, s'empressa-t-elle d'écrire, l'air désolé. Personne ne m'appelle jamais comme ça. J'aurais l'impression de ne pas être moi, mais quelqu'un d'autre. Et je ne vous considère pas comme un étranger. Y a-t-il une raison pour laquelle vous ne devriez pas m'appeler Kilmeny ?

— Aucune, si vous m'en accordez le privilège. Vous avez un très joli nom, et qui vous convient à merveille.

— Je suis contente que vous l'aimiez. On m'a appelée ainsi en l'honneur de ma grand-mère, et elle-même avait reçu le nom d'une jeune fille dans un poème. Tante Janet n'a jamais aimé mon nom, même si elle aimait ma grand-mère. Mais je suis heureuse que vous m'aimiez et que vous aimiez mon nom. J'avais peur que vous ne m'aimiez pas, à cause de mon mutisme.

— Vous parlez au moyen de votre musique, Kilmeny. »

Cette réflexion sembla lui faire plaisir.

« Comme vous comprenez bien, écrivit-elle. Oui, je ne peux ni parler ni chanter comme les autres, mais je peux dire des choses au moyen de mon violon.

— Composez-vous votre propre musique ? voulut savoir Eric, qui se rendit compte aussitôt qu'elle ne comprenait pas sa question. Je veux dire, est-ce que quelqu'un vous a enseigné les airs que vous avez joués l'autre soir ?

— Non. Ils me viennent au fur et à mesure que je joue. Il en a toujours été ainsi. Quand j'étais petite, Neil m'a appris comment tenir le violon et l'archet, et le reste est venu tout seul. Mon violon appartenait à Neil, autrefois, mais il me l'a donné. Neil est très bon et très gentil avec moi, mais c'est vous que je préfère. Parlez-moi de vous. »

L'émerveillement qu'éprouvait Eric face à la jeune fille grandissait de minute en minute. Comme elle était adorable ! Quelles manières et quels gestes charmants elle avait, des manières et des gestes aussi spontanés, aussi dénués d'affectation qu'ils étaient efficaces. Et comme il était étrange que son mutisme importât si peu, finalement ! Elle écrivait avec une telle facilité et une telle rapidité, ses yeux et son sourire étaient si expressifs que la parole n'aurait pas ajouté grand-chose.

Ils s'attardèrent dans le verger jusqu'à ce que les ombres longues et languides des arbres rampent à leurs pieds. Le soleil venait tout juste de se coucher, et les collines du lointain paraissaient violettes contre le safran liquide du ciel à l'ouest et le bleu cristallin au sud. Vers l'est, posés juste au-dessus des forêts de sapins, de hauts nuages blancs s'amoncelaient, telles des montagnes de neige ; ceux qui se trouvaient le plus à l'ouest brillaient d'un éclat rosé, comme celui que fait naître le couchant sur les hauts sommets enneigés.

Les hauteurs éthérées étaient encore baignées d'une lumière parfaite, limpide, que n'avaient pas encore touchée les ombres terrestres ; toutefois, en bas dans le verger, de même que sous les épinettes, la lumière avait presque entièrement disparu, cédant la place à une pénombre verte et humide, saturée des doux parfums dégagés par la menthe et les fleurs de pommier, auxquels s'ajoutait l'odeur résineuse des sapins.

Eric lui parla de sa vie, et de la vie dans le monde extérieur, auquel Kilmeny portait un intérêt vif et enfantin. Elle lui posa beaucoup de questions, des questions directes et incisives qui révélaient qu'elle avait déjà des idées bien arrêtées sur le sujet. Il était clair pourtant qu'elle n'imaginait pas vivre elle-même un jour dans ce monde. Elle écoutait Eric avec l'intérêt soutenu mais dénué de passion qu'elle aurait également accordé à une description du royaume des fées ou à celle d'un grand empire depuis longtemps disparu.

Eric découvrit qu'elle avait lu beaucoup de poésie et de livres d'histoire, ainsi que quelques biographies et récits de voyages. Elle n'avait jamais entendu parler de ce qu'était un roman. Chose curieuse, grâce au journal hebdomadaire que recevait son oncle, elle était très au fait de la politique et de l'actualité.

« Je ne lisais jamais le journal lorsque ma mère vivait, écrivit-elle, et je ne lisais pas non plus de poésie. C'est elle qui m'a appris à lire et à écrire, et j'ai lu plusieurs fois la Bible au complet, et aussi certains livres d'histoire. Après la mort de ma mère, tante Janet m'a donné tous ses livres. Elle en avait beaucoup. La plupart lui avaient été offerts comme prix d'excellence à l'école, et quelques-uns lui venaient de mon père. Connaissez-vous l'histoire de mes parents ? »

Eric hocha la tête en signe d'acquiescement.

« Oui, Mme Williamson m'a tout raconté. C'était une amie de votre mère.

— Je suis contente que vous soyez au courant. C'est une histoire tellement triste que je n'aimerais pas avoir à la raconter. Mais vous serez plus à même de comprendre ce qui se passe en la connaissant. Ma mère ne m'en a parlé que peu de temps avant de mourir. Avant, je ne savais rien de toute cette histoire. Ma mère a longtemps tenu mon père responsable de son malheur ; mais, avant de mourir, elle m'a dit qu'elle avait été injuste envers lui et qu'il ignorait vraiment sa situation exacte lorsqu'il l'avait épousée. Quand les gens sont sur le point de mourir, m'a-t-elle dit, ils voient les choses plus clairement. Elle, elle se rendait enfin compte qu'elle s'était trompée au sujet de mon père. Elle aurait voulu me dire encore beaucoup de choses, mais elle n'en a pas eu le temps. Elle est morte cette nuit-là. J'ai mis longtemps avant de trouver le courage de lire ses livres. Mais quand je les ai lus, je les ai trouvés incroyablement beaux. C'étaient des livres de poésie. On aurait dit de la musique mise en mots.

— Je peux vous apporter des livres, si cela vous intéresse », proposa Eric.

Les grands yeux bleus de Kilmeny brillèrent d'intérêt et de plaisir.

« Oh, merci, j'en serais ravie. J'ai lu les miens si souvent que je les connais presque tous par cœur. On ne peut pas se lasser de ce qui est vraiment beau, mais j'aimerais parfois avoir de nouveaux livres.

— Vous arrive-t-il de vous sentir seule, Kilmeny ?

— Oh non, comment le pourrais-je ? J'ai toujours de quoi m'occuper, j'aide tante Janet à entretenir la maison. Je sais faire beaucoup de choses. » Elle leva les yeux vers Eric avec une fierté adorable tandis que son crayon continuait de tracer des mots à toute vitesse. « Je sais coudre et cuisiner. Tante Janet dit que je suis une excellente maîtresse de maison, et pourtant, elle se montre généralement avare de compliments. Et, quand je ne suis pas en train de l'aider, j'ai mon cher, mon merveilleux violon. Voilà toute la compagnie dont j'ai besoin. Mais j'aime aussi beaucoup lire et entendre parler du monde immense et lointain, des gens qui y vivent et des choses qui s'y passent. Ce doit être un lieu merveilleux.

— N'aimeriez-vous pas aller vous-même dans le monde pour voir ces merveilles et rencontrer tous ces gens ? » demanda Eric avec un sourire.

Il se rendit compte aussitôt que ses paroles, sans qu'il sût pourquoi, avaient blessé la jeune fille. Elle saisit vivement son crayon et griffonna, avec une telle rapidité et une telle véhémence que c'était presque comme si elle avait crié ces mots avec passion :

« Non, non, non. Je ne veux aller nulle part ailleurs que chez moi. Je ne veux jamais voir d'étrangers ni être vue par eux. Je ne pourrais pas le supporter. »

Eric crut que cette réaction était causée par la conscience aiguë que Kilmeny avait de son infirmité. Pourtant, elle ne semblait pas mal prendre qu'on parlât de son mutisme et y faisait elle-même souvent référence dans ses commentaires écrits. Peut-être alors craignait-elle les réactions face à l'infamie entourant sa naissance. Elle était toutefois si innocente qu'il semblait peu probable qu'elle ait même conscience d'une telle infamie. Eric finit par conclure qu'il s'agissait simplement d'une réaction de recul un peu morbide mais normale de la part d'une enfant sensible ayant été élevée de façon bizarre et peu naturelle.

Les ombres qui s'allongeaient lui firent enfin prendre conscience qu'il était temps de partir.

« N'oubliez pas de venir demain soir me jouer du violon », lui rappela-t-il en se levant à contrecœur. Elle répondit par un petit mouvement de sa tête noire et soyeuse, et par un sourire particulièrement éloquent. Eric la regarda s'éloigner, parée de la grâce aérienne de la lune, à travers le verger puis le long du chemin bordé de cerisiers sauvages. Avant de disparaître au coin du bois de sapins, elle s'arrêta et lui adressa un signe de la main.

Lorsque Eric revint à la maison, le vieux Robert Williamson était dans la cuisine, en train de prendre une collation composée de pain et de lait. Il leva les yeux avec un sourire amical quand Eric entra en sifflotant.

« Vous avez été vous promener, m'sieur l'instituteur ? demanda-t-il.

— Oui », répondit Eric.

Inconsciemment, involontairement, il chargea cette monosyllabe d'un tel enthousiasme que même le vieux Robert en fut conscient. Mᵐᵉ Williamson, qui coupait du pain au bout de la table, déposa sa miche et son couteau et regarda le jeune homme avec une lueur d'inquiétude au fond des yeux. Elle se demanda s'il était retourné au verger des Connors... et s'il avait revu Kilmeny Gordon.

« Vous avez toujours pas découvert une mine d'or, vous ? demanda le vieux Robert d'un ton pince-sans-rire. Vous avez l'air de quelqu'un qui vient d'en trouver une. »

VIII

Aux portes du paradis

Lorsque Eric arriva au vieux verger des Connors, le lendemain soir, il trouva Kilmeny qui l'attendait sur le banc placé sous le lilas blanc, son violon sur les genoux. En apercevant le jeune homme, elle prit son violon et commença à jouer une petite mélodie légère et aérienne. Si les marguerites avaient pu rire, leur rire aurait ressemblé à l'air que jouait Kilmeny.

Quand elle eut fini, elle abaissa son archet et, le rose aux joues, leva un regard interrogateur vers Eric.

« Que vous a dit cette mélodie ? » écrivit-elle.

Eric, en souriant, accorda son humeur à celle de Kilmeny.

« Elle m'a dit quelque chose comme ceci : Bienvenue, mon ami. C'est une soirée tout à fait délicieuse. Le ciel est si bleu, et les fleurs de pommiers si douces. Le vent et moi étions seuls ici, et, bien que le vent soit mon ami, je suis bien contente de vous voir. C'est un soir où il fait bon être vivant et se promener dans un beau verger blanc. Bienvenue, mon ami. »

Kilmeny joignit les mains avec un air d'enfant ravie.

« Vous comprenez très vite, écrivit-elle. C'est exactement ce que je voulais dire. Bien sûr, je ne le formulais pas dans les mêmes mots, mais c'était bien ce sentiment-là. Je sentais que j'étais heureuse de vivre et que les fleurs de pommiers, les lilas blancs, les arbres et moi-même étions ravis de vous voir arriver. Vous êtes plus rapide que Neil. Il a toujours du mal à comprendre ma musique, et moi, j'ai du mal à comprendre la sienne. Parfois, sa musique me fait peur. C'est comme s'il y avait en elle quelque chose qui veut prendre possession de mon âme, quelque chose que je n'aime pas et dont je veux me sauver. »

Sans trop savoir pourquoi, Eric n'appréciait guère ses allusions à Neil ; il lui répugnait de songer que ce beau garçon aux origines douteuses voyait Kilmeny tous les jours, qu'il lui parlait, qu'il s'asseyait à la même table, vivait sous le même toit et partageait les centaines de gestes familiers de la vie quotidienne. Il chassa cette pensée et se laissa choir dans l'herbe haute aux pieds de Kilmeny.

« À présent, jouez pour moi, je vous en prie, l'enjoignit-il. Je veux m'allonger ici et vous écouter. »

« Et vous regarder », aurait-il pu ajouter. Il n'arrivait pas à déterminer lequel de ces plaisirs était le plus grand. La beauté de la jeune fille, plus extraordinaire que toutes les images qu'il avait vues dans sa vie, le réjouissait. Tout, dans son visage, était parfait : la carnation, les traits, les courbes. Sa musique, elle, l'ensorcelait. Cette enfant, se disait-il en l'écoutant, cette enfant a du génie. Mais son talent était complètement gaspillé. Eric en voulait aux tuteurs de Kilmeny de lui imposer cette existence pour le moins singulière. Ils lui avaient fait un tort immense et irréparable. Comment osaient-ils la condamner à une telle existence ? Si quelqu'un s'était penché à temps sur son problème de langage, qui sait si celui-ci n'aurait pas pu être guéri ? À présent, il était sûrement trop tard. La Nature lui avait fait don à la naissance de la beauté et du talent, mais la négligence égoïste et impardonnable de ceux qui s'occupaient d'elle rendait ces dons inutiles.

Kilmeny tirait de ce vieux violon une musique véritablement divine, tour à tour triste et joyeuse, semblable à celle qu'auraient pu produire les étoiles du matin en chantant en chœur, une musique sur laquelle les fées auraient pu danser au cours de leurs fêtes sur les vertes collines et les sables dorés, ou qui aurait pu servir à pleurer la mort d'une espérance. Puis Kilmeny s'abandonna à une veine plus tendre encore. En l'écoutant, Eric comprit que l'âme même de la jeune fille se révélait à lui par cette musique : la beauté et la pureté de ses pensées, ses rêves d'enfance et ses rêveries de jeune fille. Il n'y avait chez elle aucune trace de dissimulation ; elle ne pouvait retenir ces révélations inconscientes.

Enfin, elle mit son violon de côté et écrivit :

« Je me suis efforcée de vous faire plaisir. À présent, c'est à votre tour. Vous rappelez-vous la promesse que vous m'avez faite hier soir ? L'avez-vous tenue ? »

Eric lui tendit les deux livres qu'il avait apportés, un roman moderne et un recueil de poésie qu'elle ne connaissait pas. Il avait un peu hésité avant de lui proposer le premier, mais ce roman était une œuvre d'une telle qualité et d'une telle beauté qu'Eric s'était dit qu'il ne pourrait pas froisser ou heurter la fleur de son innocence. Par contre, il n'avait eu aucune hésitation à lui apporter le recueil de poésie, œuvre d'une âme inspirée dont l'existence fugitive a contribué à embellir le monde.

Il lui lut quelques-uns des poèmes. Puis il lui parla de ses années d'université et de ses amis. Les minutes s'écoulaient rapidement. Il n'existait plus d'autre univers, pour le jeune homme, que ce vieux verger peuplé de pétales qui tombaient mollement sur le sol, d'ombres et de brises au murmure enjôleur.

Soudain, alors qu'Eric lui racontait certains tours pendables que se jouaient les étudiants de première et de deuxième année, Kilmeny joignit les mains en un geste qui lui était familier et éclata d'un rire clair, musical et argentin. En l'entendant, Eric eut un choc. Il lui semblait étrange que Kilmeny puisse rire ainsi alors qu'elle était incapable de parler. Quel pouvait bien être le problème qui l'empêchait de parler ? Ce problème pouvait-il être réglé ?

« Kilmeny », dit-il d'une voix grave après avoir réfléchi un moment tout en observant la jeune fille assise sur son banc dans les rayons dorés du soleil qui, après avoir percé les branches du lilas, tombaient sur sa chevelure soyeuse en une pluie de joyaux écarlates, « me permettez-vous de vous poser une question au sujet de votre mutisme ? Est-ce que cela vous blesserait d'en parler avec moi ? »

La jeune fille secoua la tête.

« Oh non ! écrivit-elle. Cela ne me blesse pas. Évidemment, je suis désolée de ne pas pouvoir parler, mais j'y suis habituée, et cela ne me blesse pas du tout.

— Alors, Kilmeny, dites-moi, savez-vous pour quelle raison vous n'êtes pas capable de parler, alors que toutes vos autres facultés fonctionnent parfaitement ?

— Non, je ne sais pas pourquoi je suis incapable de parler. J'ai posé cette question à ma mère, une fois, et elle m'a répondu que ce châtiment lui avait été envoyé pour la punir d'une faute grave. Elle avait l'air si étrange, en disant cela, que j'ai eu peur et que je n'ai plus jamais abordé ce sujet avec elle ni avec personne d'autre.

— Vous a-t-on déjà emmenée chez un médecin pour qu'il vous examine la langue et les autres organes de la parole ?

— Non. Je me souviens que, quand j'étais très petite, oncle Thomas a voulu m'emmener chez un médecin à Charlottetown afin de voir si on pouvait faire quelque chose pour moi, mais ma mère l'en a empêché. Elle disait que ça ne servirait à rien. Et je crois que c'est aussi ce que pensait oncle Thomas.

— Vous riez de façon tout à fait normale. Pouvez-vous émettre d'autres sons ?

— Oui, quelquefois. Il m'est arrivé, quand j'étais très heureuse ou très effrayée, de produire des petits cris. Mais ça n'arrive que quand je n'y pense pas. Si j'essaie de produire un son, j'en suis absolument incapable. »

Toute cette histoire semblait plus mystérieuse que jamais à Eric.

« Vous arrive-t-il d'essayer de parler... de prononcer des mots ? insista-t-il.

— Oh oui, très souvent. Je suis toujours en train de prononcer des mots dans ma tête, comme j'entends les autres les dire à voix haute, mais ma langue refuse de les prononcer. N'ayez pas l'air si triste, mon ami. Je suis très heureuse, et ça ne me dérange pas tellement de ne pas pouvoir parler, sauf parfois quand il y a beaucoup de pensées qui se bousculent dans ma tête. C'est tellement long de les écrire toutes que j'en perds quelques-unes. Il faut que je me remette à jouer pour vous. Vous avez l'air trop sérieux. »

Elle rit à nouveau puis, saisissant son violon, elle y improvisa une petite mélodie sautillante et coquine qui semblait vouloir le taquiner. Tout ce temps, elle avait les yeux fixés sur lui, des yeux lumineux qui l'exhortaient à être joyeux.

Eric sourit. Cependant, son visage reprit souvent son air perplexe, ce soir-là. Il fit le chemin du retour plongé dans ses pensées. Le cas de Kilmeny lui apparaissait très étrange, et plus il y songeait, plus il le trouvait bizarre.

« Je trouve très singulier qu'elle ne parvienne à émettre des sons que de façon involontaire, se dit-il. Si seulement David Baker pouvait l'examiner ! Mais je suppose que c'est hors de question. Ses sinistres tuteurs n'y consentiraient jamais. »

IX

Une âme simple et droite

Dans les trois semaines qui suivirent, Eric Marshall eut le sentiment de vivre deux vies à la fois, aussi distinctes l'une de l'autre que s'il avait possédé une double personnalité. Dans l'une, il enseignait à l'école de Lindsay avec beaucoup de zèle et d'application; il résolvait des problèmes; il discutait de théologie avec Robert Williamson; il rendait visite aux parents de ses élèves et prenait cérémonieusement le thé avec eux; il assista même à une ou deux danses rustiques où, sans le savoir, il fit des ravages dans les cœurs des jeunes filles de Lindsay.

Mais cette vie-là n'était qu'un rêve repris jour après jour. Eric n'existait réellement que dans l'autre vie, celle qui se déroulait dans un vieux verger envahi par la verdure, où le temps semblait s'arrêter par simple amour des lieux et où les vents de juin faisaient naître des chants sauvages et lancinants dans les vieilles épinettes.

Là, chaque soir, Eric rencontrait Kilmeny. Ensemble, ils partageaient des heures de calme bonheur; ensemble, ils parcouraient les espaces des poésies d'antan ; ensemble, ils lisaient beaucoup et parlaient de tout ; et, quand ils se lassaient de tout cela, Kilmeny jouait pour lui, et le vieux verger se peuplait de mélodies étranges et merveilleuses.

À chaque rencontre, Eric ressentait le même choc devant la beauté de la jeune fille, qui l'emplissait d'un étonnement ravi. En son absence, il semblait impossible au jeune homme que Kilmeny fût aussi belle qu'il se la rappelait ; puis, quand il la revoyait, elle lui semblait plus belle encore. Il apprit à guetter l'éclair de bonheur qui illuminait les yeux de Kilmeny lorsqu'elle l'entendait s'approcher. Elle était presque toujours dans le verger avant lui, et, chaque fois, elle lui manifestait son bonheur de le voir avec l'enthousiasme spontané d'un enfant qui attend un camarade aimé.

Elle n'était jamais exactement dans la même disposition. Elle pouvait se montrer grave, ou joyeuse, ou digne, ou pensive. Mais toujours elle était adorable. La vieille génération des Gordon était peut-être noueuse et disgracieuse, mais elle avait au moins produit ce modèle de grâce et de symétrie. Son cœur et son esprit, que n'avaient jamais touchés les bassesses du monde, étaient aussi purs que son visage. Toutes les laideurs de l'existence l'avaient épargnée, elle que son éducation et son mutisme avaient doublement isolée.

Intelligente et vive, elle se montrait parfois pleine d'humour ou laissait échapper d'adorables boutades. Elle pouvait être fantasque, et même gentiment capricieuse. Une lueur d'espièglerie brillait par moments dans les profondeurs insondables de ses yeux bleus. Même le sarcasme ne lui était pas inconnu. De temps en temps, elle faisait éclater, d'une petite phrase cinglante et fine, la bulle de vanité ou de supériorité masculine dans laquelle le jeune homme se complaisait innocemment.

Elle assimilait rapidement, avidement et complètement les idées présentées dans les livres qu'ils lisaient ensemble, et, avec un flair très sûr, dont s'émerveillait Eric, elle rejetait tout ce qui était faux ou illusoire pour ne retenir que le meilleur, le vrai et le solide. Elle semblait posséder la lance d'Ithuriel*, qui lui permettait d'éliminer toutes les impuretés pour ne garder que l'or le plus pur.

Ses attitudes et ses vues étaient encore celles d'une enfant. Pourtant, il lui arrivait de sembler vieille comme le monde. Une certaine expression envahissait alors son visage rieur et modifiait légèrement son sourire, une expression qui résumait l'essence immuable de la féminité et l'immense sagesse des ans.

Son sourire ravissait Eric. Il commençait toujours dans les profondeurs de ses yeux avant d'envahir son visage, tel un ruisseau lumineux surgissant de l'ombre dans l'éclat du soleil.

Eric savait tout de la vie de Kilmeny. Elle lui révélait sans réserve son histoire toute simple. Elle parlait souvent de son oncle et de sa tante et semblait leur porter une profonde affection. Elle ne mentionnait que rarement sa mère. Eric finit par deviner, plus par ce qu'elle taisait que par ce qu'elle disait, que, malgré son amour pour sa mère, Kilmeny avait toujours éprouvé un peu de crainte envers elle. Il n'y avait pas eu, entre elles, le beau lien de confiance qui existe naturellement entre une mère et son enfant.

Au début, elle mentionnait souvent Neil, qu'elle semblait aimer beaucoup. Par la suite, elle cessa d'en parler. Comme elle était très sensible aux moindre nuances touchant la voix ou le visage d'Eric, peut-être avait-elle constaté une chose dont lui-même n'avait pas conscience, c'est-à-dire

---

* Ithuriel : Dans *Le Paradis perdu* (*Paradise Lost*), de John Milton, Ithuriel est un ange envoyé par Gabriel à la recherche de Satan. Il démasque ce dernier en le touchant de sa lance, car « aucune imposture ne peut endurer le contact d'une trempe céleste, et elle retourne de force à sa forme naturelle ». Traduction de François René de Chateaubriand. (*N. D. T.*)

que les yeux du garçon s'assombrissaient chaque fois qu'elle parlait de Neil.

Un jour, elle lui demanda avec naïveté :

« Y a-t-il beaucoup de gens comme vous dans le monde ?

— Des milliers », répondit Eric en riant.

Elle le considéra gravement avant de secouer la tête d'un petit mouvement plein de décision.

« Je ne le crois pas, écrivit-elle. Je ne connais pas grand-chose du monde, mais je ne crois pas qu'il y ait beaucoup de gens comme vous dedans. »

Un soir, alors qu'au loin les collines et les champs se paraient de voiles pourpres et que les vallons se gorgeaient de brumes dorées, Eric apporta au vieux verger un petit livre usé et informe qui racontait une histoire d'amour. C'était la première fois qu'il lisait un tel livre à Kilmeny ; dans le premier roman qu'il lui avait prêté, l'intrigue sentimentale avait été très mince et sans grande importance. Ce nouveau livre, par contre, relatait, dans un style exquis, une belle et grande passion.

Il le lui lut, étendu à ses pieds dans l'herbe ; elle écouta le récit, les mains jointes autour de ses genoux et les yeux baissés. L'histoire n'était pas très longue. Quand il l'eut terminée, Eric referma le livre et leva les yeux vers Kilmeny d'un air interrogateur.

« Avez-vous aimé ce livre, Kilmeny ? » s'enquit-il.

Elle prit lentement son ardoise et inscrivit :

« Oui. Mais il m'a aussi fait mal. Je ne savais pas qu'on pouvait aimer quelque chose qui nous blesse. Je ne sais même pas pourquoi il m'a blessée. J'avais l'impression d'avoir perdu quelque chose que je n'avais jamais eu. C'est une idée un peu stupide, vous ne trouvez pas ? Mais je n'ai pas tout compris dans ce livre, vous savez. Il parle de l'amour, et je ne connais rien à l'amour. Ma mère m'a dit un jour que l'amour est une malédiction et que je devais prier pour qu'il n'entre jamais dans ma vie. Elle était très sérieuse, et je l'ai crue. Mais votre livre soutient que l'amour est un bienfait. Il prétend que c'est la chose la plus belle et la plus merveilleuse dans la vie. Que dois-je croire ?

— L'amour – le véritable amour – n'est jamais une malédiction, Kilmeny, répondit gravement Eric. Il existe cependant un faux amour qui est, lui, une malédiction. Peut-être votre mère croyait-elle que c'était un tel amour qui avait gâché sa vie ; cela expliquerait son erreur. Il n'y a rien sur terre – pas plus que dans le ciel, selon moi – qui soit aussi beau, aussi merveilleux et aussi sacré que l'amour.

— Avez-vous déjà aimé ? » demanda Kilmeny avec la franchise parfois brutale que lui imposait son mode de communication. Elle posa sa question simplement, sans manifester le moindre embarras. Elle ne voyait pas pourquoi elle ne pouvait pas discuter de l'amour avec Eric de la même façon qu'ils discutaient de sujets comme la musique, les livres et les voyages.

« Non, répondit Eric avec honnêteté (du moins le croyait-il). Mais chacun porte en soi un idéal qu'il espère rencontrer un jour, chaque jeune homme rêve de la femme idéale. Moi aussi, je suppose, au plus secret de mon cœur.

— J'imagine que pour vous la femme idéale doit être belle, comme la femme du livre ?

— Sans aucun doute. Jamais je ne pourrais aimer un laideron, répondit Eric avec un rire léger tout en se redressant pour s'asseoir. Nos idéaux sont toujours beaux, peu importe de quelle façon ils finissent par se traduire dans la réalité. Mais le soleil commence à décliner. Le temps file à toute allure dans ce verger enchanté. Je crois que vous ensorcelez les heures, Kilmeny. Votre homonyme du poème était plutôt mystérieuse, si je me souviens bien, et, à ses yeux, sept ans au pays des elfes n'avaient guère plus d'importance qu'une demi-heure aux yeux des mortels que nous sommes. Un jour, je me réveillerai après avoir cru passer une heure ici, pour découvrir que je suis devenu un vieillard à barbe blanche, vêtu de haillons, comme dans ce conte que nous avons lu l'autre soir. Accepterez-vous que je vous offre le livre que nous venons de lire ? Jamais je ne commettrais le sacrilège de le lire ailleurs qu'ici. C'est un vieux livre, Kilmeny. Un livre neuf, qui sentirait le magasin et la place du marché, ne vous conviendrait pas, aussi beau fût-il. Celui-ci appartenait à ma mère. Elle l'avait lu et aimé. Regardez, les pétales de rose fanés qu'elle y avait insérés sont toujours là. Je vais y inscrire votre nom – ce nom étrange et charmant qui semble avoir été inventé spécialement pour vous –, "Kilmeny du vieux verger", et la date de ce jour où nous l'avons lu ensemble. Ainsi, chaque fois que vous poserez les yeux sur ce livre, vous vous souviendrez de moi, des boutons de roses s'ouvrant dans le rosier blanc qui se trouve près de vous et du murmure du vent dans les cimes de ces vieilles épinettes. »

Il lui tendit le volume, mais, à son grand étonnement, la jeune fille secoua la tête en rougissant.

« Vous ne voulez pas ce livre, Kilmeny ? Mais pourquoi ? »

Elle prit son crayon et se mit à écrire avec une lenteur qui contrastait avec sa vivacité habituelle.

« Ne soyez pas offensé. Je n'aurai besoin de rien pour vous rappeler à mon souvenir, parce que jamais je ne pourrai vous oublier. Mais je préfère ne pas prendre le livre. Je ne veux pas le relire. C'est un livre qui parle d'amour, et il est inutile que j'apprenne quoi que ce soit à ce sujet, même si l'amour est tout ce que vous en dites. Personne ne m'aimera jamais. Je suis trop laide.

— Vous ! Laide ! » s'exclama Eric. Il s'apprêtait à éclater de rire à cette idée, mais se retint en voyant l'expression de Kilmeny, qui avait à moitié détourné son visage. Elle avait cette expression amère et blessée qu'il y avait également remarquée le jour où il lui avait demandé si elle n'aimerait pas voir le monde de ses propres yeux. «Kilmeny, poursuivit-il d'une voix étonnée, vous ne croyez pas vraiment être laide, n'est-ce pas ?»

D'un signe de tête, sans un regard vers lui, elle indiqua qu'elle le croyait vraiment. Puis elle écrivit :

«Oh oui, je sais que je suis laide. Je le sais depuis longtemps. Ma mère m'a dit un jour que j'étais très laide et que personne ne trouverait jamais de plaisir à me regarder. Cela me désole. Ma laideur me blesse davantage que mon mutisme. Je suppose que vous trouvez cela stupide, mais c'est la vérité. Voilà pourquoi je ne suis pas retournée tout de suite au verger, même après m'être débarrassée de ma peur. Je ne pouvais supporter l'idée que *vous* me trouviez laide. C'est aussi pour cette raison que je ne veux pas aller dans le monde et rencontrer des gens. Ils me regarderaient comme m'a regardée le vendeur d'œufs, le jour où j'ai accompagné tante Janet jusqu'à sa voiture, le printemps suivant la mort de ma mère. Si vous aviez vu comment il m'a dévisagée ! Je savais bien que c'était parce qu'il me trouvait affreuse, et, depuis, je me cache toujours quand il vient.»

Les lèvres d'Éric furent saisies d'un léger frémissement. Malgré la pitié qu'il éprouvait pour la souffrance réelle exprimée par les yeux de la jeune fille, il ne pouvait s'empêcher de se sentir amusé par l'absurdité de la situation : cette magnifique créature était persuadée d'être laide.

«Mais, Kilmeny, vous trouvez-vous laide quand vous vous regardez dans un miroir ? demanda-t-il avec un sourire.

— Je ne me suis jamais vue dans un miroir, écrivit Kilmeny. Je ne connaissais même pas l'existence d'un tel objet avant d'en entendre parler dans un livre que j'ai lu après la mort de ma mère. Alors, j'ai posé des questions à tante Janet, et elle m'a dit que ma mère avait brisé tous les miroirs de la maison quand j'étais bébé. Mais j'ai vu mon visage réfléchi dans des cuillères, et aussi dans un petit sucrier d'argent appartenant à tante Janet. Et mon visage est laid, très laid. »

Eric enfouit son visage dans l'herbe. Il lui était absolument impossible de réprimer son rire, mais il ne fallait pas que Kilmeny le voie rire. Une idée un peu fantasque se fit jour en lui, et il ne se hâta pas de détromper la jeune fille, ainsi qu'il en avait d'abord eu l'intention. Il se contenta plutôt de lui dire d'une voix lente, lorsqu'il se risqua enfin à relever la tête :

« Je ne vous trouve pas laide, Kilmeny.

— Oh ! mais il est impossible que vous ne me trouviez pas laide ! protesta-t-elle en quelques traits rapides. Même Neil me trouve laide. Il dit que je suis gentille et charmante, mais, le jour où je lui ai demandé s'il me trouvait très laide, il n'a pas répondu et il a détourné le regard. Alors j'ai compris que lui aussi me trouvait affreuse. Mais laissons ce sujet, qui me rend malheureuse et qui gâche tout. J'arrive à l'oublier, à d'autres moments. Laissez-moi vous jouer un air d'au revoir, et ne soyez pas fâché si j'ai refusé votre livre. Sa lecture me rendrait malheureuse.

— Je ne suis pas fâché, répondit Eric, et je crois que vous accepterez de le prendre un jour... lorsque vous aurez vu quelque chose que j'ai bien hâte de vous montrer. Ne vous souciez pas de votre apparence, Kilmeny. Il n'y a pas que la beauté qui compte.

— C'est malgré tout très important, écrivit-elle avec naïveté. Mais vous m'aimez bien, malgré ma laideur, n'est-ce pas ? Vous m'aimez bien à cause de ma musique ?

— Je vous aime beaucoup, Kilmeny », l'assura Eric avec un petit rire ; il y avait toutefois, dans sa voix, un accent de tendresse dont il n'avait pas conscience, mais qui n'échappa pas à Kilmeny. Et c'est avec un sourire de bonheur que la jeune fille saisit son violon.

Il la quitta en train de jouer. La musique, tel un ange gardien invisible, l'accompagna dans sa traversée de la sombre forêt d'épinettes à l'odeur résineuse.

« Kilmeny la Magnifique ! murmura-t-il. Et dire que cette enfant se croit laide, elle dont le visage est plus adorable que tous les rêves d'artistes ! Une fille de dix-huit ans qui ne s'est jamais regardée dans un miroir ! Je ne sais pas si on arriverait à en trouver une autre dans tout le monde civilisé. Mais à quoi pensait donc sa mère pour lui raconter un tel mensonge ? Je me demande si Margaret Gordon avait toute sa tête. Il est étrange que Neil ne lui ait jamais dit la vérité. Peut-être ne veut-il pas qu'elle la connaisse. »

Eric avait rencontré Neil Gordon quelques soirs auparavant, à une danse rustique. Neil y jouait du violon pour faire danser la compagnie. Mû par la curiosité, Eric avait cherché à faire la connaissance du jeune homme. Celui-ci s'était d'abord montré amical et bavard, mais, aussitôt qu'Eric avait fait subtilement allusion aux Gordon, son visage et son attitude avaient changé. Il était devenu brusquement réservé et méfiant, pour ne pas dire menaçant. Un éclair de mauvaise humeur avait traversé ses grands yeux noirs, et, avec son archet, il avait produit un grincement discordant, comme pour mettre fin à la conversation. Il était clair qu'Eric ne tirerait rien de lui au sujet de Kilmeny ou des sombres personnages qui lui servaient de tuteurs.

X

Remous

Un soir de fin juin, Mme Williamson était assise à la fenêtre de la cuisine, son tricot abandonné sur ses genoux. Elle n'accordait pas d'attention non plus à Timothy, qui, allongé sur le tapis, ronronnait bruyamment en se lovant câlinement contre son pied. Le visage appuyé sur une main, elle regardait au loin, par-delà le golfe, avec des yeux troublés.

«Je suppose que je dois parler, songeait-elle avec tristesse, même si je déteste cela. Je n'ai jamais aimé me mêler des affaires des autres. Ma mère disait toujours que, dans neuf cas sur dix, ceux qui mettent leur nez dans les affaires des autres empirent les choses plutôt que de les arranger. Je crois pourtant qu'il faut que je parle. J'étais l'amie de Margaret, et j'ai le devoir de protéger sa fille si je le peux. Si notre jeune instituteur se rend à nouveau là-bas pour la voir, il va falloir que je lui dise ce que je pense de toute cette histoire.»

En haut dans sa chambre, Eric allait et venait en sifflotant. Il descendit peu après, l'esprit occupé par la pensée du verger et de la jeune fille qui l'attendait là-bas.

Comme il traversait le petit vestibule, il entendit la voix de Mme Williamson qui l'appelait.

« M. Marshall, pourriez-vous venir ici un instant ? »

Il se dirigea vers la cuisine, où Mme Williamson l'accueillit avec un regard désapprobateur. Une intense rougeur avait envahi son visage usé, et sa voix tremblait.

« M. Marshall, je voudrais vous poser une question. Vous allez peut-être trouver que ça ne me regarde pas. Mais ce n'est pas parce que je veux me mêler de vos affaires. Non, pas du tout. C'est seulement parce que je crois qu'il est de mon devoir de parler. J'y ai réfléchi longtemps, et j'ai le sentiment qu'il faut que je parle. J'espère que vous ne serez pas fâché, mais même dans ce cas, je vais dire ce que j'ai à dire. Est-ce que vous retournez au vieux verger des Connors pour y rencontrer Kilmeny Gordon ? »

Pendant un moment, le rouge de la colère brûla les joues d'Eric. Le ton utilisé par Mme Williamson, plus encore que ses mots, l'étonnait et le froissait.

« C'est exactement ce que je fais, Mme Williamson, répondit-il froidement. Et alors ?

— Alors, monsieur, poursuivit Mme Williamson d'une voix plus ferme, je dois vous dire que je ne trouve pas que vous agissez correctement. Je me doute depuis le début que c'est là que vous vous rendez tous les soirs, mais je n'en ai parlé à personne. Même mon mari l'ignore. Mais dites-moi, monsieur l'instituteur, est-ce que l'oncle et la tante de Kilmeny sont au courant de ces rencontres ?

— Eh bien…, commença Eric d'un ton hésitant. Je… je ne sais pas s'ils sont au courant. Mais, Mme Williamson, vous ne me soupçonnez quand même pas de vouloir faire du mal ou du tort à Kilmeny Gordon ?

— Non, bien sûr, monsieur l'instituteur. J'aurais des soupçons comme ceux-là face à d'autres hommes, pas face à vous. Je ne crois pas une seconde que vous causeriez volontairement du tort à cette jeune fille, ni à aucune autre femme, d'ailleurs. Mais vous pourriez quand même lui faire beaucoup de mal. Je voudrais que vous preniez le temps d'y penser. Je suppose que vous n'y avez pas réfléchi. Kilmeny ne connaît rien du monde ni des hommes, et elle peut en venir à vous porter une affection excessive. Elle pourrait même en avoir le cœur brisé, étant donné que jamais vous ne pourrez épouser une muette comme elle. C'est pour ça que je crois que vous ne devriez pas aller la retrouver aussi souvent. Ce n'est pas bien, monsieur l'instituteur. Ne retournez pas au verger. »

Sans un mot, Eric tourna les talons et remonta à sa chambre. Mme Williamson reprit son tricot avec un soupir.

« C'est fait, Timothy, et j'en suis bien contente, souffla-t-elle. Je suppose qu'il ne sera pas nécessaire d'ajouter autre chose. M. Marshall est un bon jeune homme, il est seulement un peu insouciant. À présent que je lui ai ouvert les yeux, je suis certaine qu'il va agir en homme d'honneur. Je ne veux pas que la fille de Margaret soit malheureuse. »

Son époux s'approcha de la porte de la cuisine et s'assit dans l'escalier pour fumer sa pipe du soir. Entre les bouffées, il parla à sa femme du banc qui, à l'église, était réservé à M. Tracy, un membre du conseil presbytéral, de l'amoureux de Mary Alice Martin, du prix que Jake Crosby donnait pour les œufs, de la quantité de foin fournie par le pré de la colline, des problèmes que lui causait le veau de la vieille Molly et des mérites respectifs des coqs Plymouth Rock et des coqs brahmas. Mme Williamson répondait au hasard sans écouter un mot sur dix.

« As-tu une idée de ce qui peut bien tracasser l'instituteur, *sa mère*? finit par demander le vieux Robert. Je l'entends marcher de long en large dans sa chambre comme un ours en cage. Es-tu sûre que tu l'as pas enfermé sans faire exprès ?

— Peut-être qu'il s'inquiète du comportement de Seth Tracy à l'école, émit Mme Williamson, qui préférait que son bavard de mari ne sache rien des liens qui existaient entre Eric et Kilmeny Gordon.

— Bah ! il devrait pas s'en faire une minute à ce sujet-là. Seth va se calmer aussitôt qu'il va se rendre compte qu'il peut pas avoir le dessus avec lui. En tout cas, M. Marshall est un sapré de bon instituteur, meilleur encore que M. West, et c'est pas peu dire. Les commissaires espèrent qu'il va rester pour un autre trimestre. Ils vont lui demander de rester, à la réunion de demain, et même lui offrir une augmentation. »

En haut, dans sa petite chambre mansardée, Eric Marshall était aux prises avec l'émotion la plus intense et la plus bouleversante qu'il eût jamais connue.

Il arpentait sa chambre dans tous les sens, poings et lèvres serrés. Quand il fut épuisé, il se laissa tomber dans un fauteuil près de la fenêtre, où il lutta contre un trop-plein d'émotions.

Les paroles de Mme Williamson avaient déchiré le voile trompeur dont il s'était couvert les yeux. Il se rendait enfin compte qu'il aimait Kilmeny Gordon d'un amour qui ne fleurit qu'une fois et qui dure toute l'éternité. Il se demandait comment il avait pu se dissimuler cet amour si longtemps, cet amour qui, il le savait, était né à leur toute première rencontre dans le vieux verger, un soir de mai déjà lointain.

Il savait également qu'il lui fallait faire un choix : ou bien il ne retournait plus jamais au verger, ou bien il s'y rendait ouvertement pour courtiser la jeune fille qui allait devenir sa femme.

Une saine prudence, héritée d'une longue lignée d'ancêtres économes et prosaïques, était solidement ancrée en Eric, et il ne céda ni facilement ni rapidement à la voix de la passion. Toute la nuit il lutta contre ces émotions nouvelles qui menaçaient de balayer le « bon sens » que David Baker lui avait conseillé de ne pas oublier dans ses affaires de cœur. Un mariage avec Kilmeny Gordon ne serait-il pas malavisé, quel que soit l'angle sous lequel on l'envisageait ?

Puis une force plus impérieuse, plus importante et plus vitale que la prudence ou la sagesse s'empara de lui et le vainquit. Kilmeny, la belle et muette Kilmeny, était, ainsi qu'il l'avait un jour formulé involontairement, « la seule, l'unique » femme pour lui. Rien ne devait les séparer. La simple perspective de ne jamais la revoir était tellement insupportable qu'il se moqua de lui-même pour avoir même envisagé cette possibilité.

« Si je peux me faire aimer de Kilmeny, je vais lui demander de m'épouser », promit-il en regardant, par sa fenêtre, la masse sombre de la colline qui se profilait vers le sud-ouest et derrière laquelle se trouvait son verger.

Au-dessus de la colline, le ciel velouté était encore constellé d'étoiles; cependant, l'eau de la baie prenait déjà des reflets d'argent dans les lueurs de l'aube qui commençait à poindre du côté du levant.

« Son infortune me la rendra plus chère encore. J'ai peine à croire que je ne la connaissais pas encore il y a un mois. Il me semble qu'elle a toujours fait partie de ma vie. Je me demande si mon absence d'hier soir lui a fait de la peine, si elle m'a attendu. Je me demande si elle m'aime. Si c'est le cas, elle-même ne le sait pas encore. J'aurai la tâche délicieuse de lui apprendre ce qu'aimer signifie, et aucun homme, jamais, n'a eu d'élève plus adorable et plus pure. »

Le lendemain après-midi, à la réunion annuelle des commissaires d'école, ceux-ci demandèrent à Eric d'accepter la charge de l'école de Lindsay pour l'année suivante. Eric accepta sans hésiter.

Le soir même, il alla trouver Mme Williamson dans la cuisine. Celle-ci était en train de laver la vaisselle du thé.

« Mme Williamson, ce soir, je retourne au vieux verger des Connors pour voir Kilmeny. »

Sa logeuse leva vers lui un regard plein de reproches.

« Eh bien, monsieur l'instituteur, je n'ai rien à ajouter. Et même si c'était le cas, je suppose que ça ne servirait à rien. Mais vous savez ce que je pense de tout cela.

— J'ai l'intention d'épouser Kilmeny Gordon si elle veut bien de moi. »

Une expression d'intense étonnement se peignit sur les traits de la bonne dame. Elle scruta attentivement la bouche décidée et les yeux gris et fermes de l'instituteur avant de dire d'une voix troublée :

« Croyez-vous que ce soit sage, monsieur l'instituteur ? Je suppose que Kilmeny est jolie, c'est du moins ce que m'a dit le vendeur d'œufs. Et je ne doute pas qu'elle soit bonne et gentille. Mais ce n'est pas une épouse pour vous. Pensez-y, une fille qui ne peut pas parler.

— Son mutisme ne change rien à mes sentiments.

— Mais que va dire votre famille ?

— Je n'ai pas de famille, sinon mon père. Dès qu'il verra Kilmeny, il comprendra. Elle est toute ma vie, Mme Williamson.

— Si c'est ce que vous pensez, il n'y a rien à ajouter, répliqua Mme Williamson avec résignation. J'éprouverais malgré tout quelques craintes si j'étais vous. Mais les jeunes ne pensent jamais à ces choses-là.

— Je n'ai qu'une crainte, c'est qu'elle ne réponde pas à mon amour », fit gravement savoir Eric.

Mme Williamson détailla d'un œil avisé le beau et grand jeune homme qui se trouvait devant elle.

« Je ne crois pas qu'il existe beaucoup de femmes qui vous diraient "non", monsieur l'instituteur. Je vous souhaite bonne chance dans votre entreprise, mais je ne peux pas m'empêcher de penser que vous faites une bêtise. J'espère que vous n'aurez pas de problèmes avec Thomas et Janet. Ils sont tellement différents de tout le monde qu'il est difficile de prévoir leurs réactions. Mais suivez mon conseil, monsieur l'instituteur, et allez les trouver sans tarder. Ne continuez pas à voir Kilmeny sans qu'ils le sachent.

— Je vais certainement suivre votre conseil, répondit gravement Eric. J'aurais dû aller les voir avant. C'est de la simple étourderie de ma part. Peut-être même sont-ils déjà au courant. Kilmeny peut leur en avoir parlé. »

Mme Williamson secoua la tête avec vigueur.

« Non, monsieur l'instituteur, elle ne leur en a pas parlé. Ils ne l'auraient jamais laissée aller vous rencontrer de cette façon s'ils avaient été au courant. Je les connais trop pour imaginer qu'elle a pu leur en parler. Allez directement les voir, et dites-leur exactement ce que vous m'avez dit. C'est ce que vous avez de mieux à faire, monsieur l'instituteur. Et méfiez-vous de Neil. Il paraîtrait qu'il a lui aussi des vues sur Kilmeny. Je suis sûre qu'il va essayer de vous nuire s'il en est capable. On ne peut pas se fier à ces étrangers-là, et Neil est vraiment un étranger, autant que ses parents avant lui, même s'il a été élevé à coups de bouillie d'avoine et de petit catéchisme. J'en ai la certitude, oui, chaque fois que je le vois en train de chanter dans le chœur.

— Oh, je ne crains rien de Neil, répondit Eric avec insouciance. Il ne peut pas s'empêcher d'aimer Kilmeny. Personne ne le pourrait.

— Je suppose que c'est ce que tous les jeunes gens se disent au sujet de leur fiancée, du moins les jeunes gens convenables », répliqua Mme Williamson avec un petit soupir.

Elle regarda s'éloigner Eric, le cœur serré d'inquiétude.

« J'espère que tout va bien se passer, songea-t-elle. J'espère qu'il n'est pas en train de commettre une terrible erreur. Mais... je suis inquiète. Kilmeny doit être très jolie pour l'avoir ensorcelé à ce point. Enfin, je suppose qu'il ne sert à rien de m'en faire à ce sujet. Mais j'aurais tellement préféré qu'il ne retourne jamais dans ce vieux verger et qu'il ne voie pas cette fille. »

XI

Deux tourtereaux

Kilmeny était déjà là quand Eric atteignit le verger, et le jeune homme s'attarda un instant dans l'ombre du bois d'épinettes pour se délecter de sa beauté.

Depuis peu, le verger était envahi par des vagues de carvi, et la jeune fille se dressait au cœur de cette mer fleurie, entourée par des fleurs aux allures de dentelle qui ondulaient doucement sous la brise. Kilmeny portait la petite robe à l'imprimé bleu pâle dans laquelle il l'avait vue la première fois ; une toilette de soie n'aurait pas rehaussé davantage son exquise beauté. Elle avait posé sur sa sombre chevelure une blanche couronne de boutons de roses à peine éclos, mais même ces délicats boutons n'avaient pas plus d'éclat que son visage.

Quand Eric sortit de l'ombre, elle courut vers lui, les mains tendues et le sourire aux lèvres. Eric lui saisit les mains et plongea son regard dans le sien avec une expression telle que, pour la première fois, les yeux de Kilmeny vacillèrent devant ceux de son ami. Elle baissa le regard, et une rougeur intense envahit les courbes ivoirines de ses joues et de sa gorge. Eric sentit son cœur bondir dans sa poitrine, car, dans cette rougeur, il reconnaissait les signes avant-coureurs de l'amour.

« Êtes-vous heureuse de me voir, Kilmeny ? » demanda-t-il d'une voix basse et éloquente.

Elle acquiesça de la tête avant d'écrire, vaguement embarrassée :

« Oui. Pourquoi me demandez-vous cela ? Vous savez bien que je suis toujours heureuse de vous voir. J'avais peur que vous ne veniez pas. Vous n'êtes pas venu, hier soir, et ça m'a rendue tellement triste. Le verger n'avait plus aucun intérêt. Je n'arrivais même pas à jouer du violon. J'ai essayé, mais mon violon ne pouvait que pleurer et se lamenter. J'ai attendu jusqu'à ce qu'il fasse noir, puis je suis rentrée chez moi.

— Je regrette que vous ayez été déçue, Kilmeny. Je n'ai pas pu venir, hier soir. Un jour, je vous dirai pourquoi. Je suis resté à la maison pour apprendre une nouvelle leçon. Je suis désolé que ma présence vous ait manqué... ou plutôt, non, j'en suis heureux. Pouvez-vous comprendre que quelqu'un soit à la fois heureux et triste pour la même raison ? »

Elle hocha à nouveau la tête, tout en retrouvant sa douceur et son calme habituels.

« Oui. Je ne l'aurais pas compris, à une certaine époque, mais à présent je le comprends. Avez-vous bien appris votre nouvelle leçon ?

— Oui, très bien. C'était une leçon extraordinaire, une fois que je l'eus comprise. Il faudra que je vous l'enseigne, un jour. Venez jusqu'au vieux banc, Kilmeny. Je veux vous dire quelque chose. Mais avant, voudriez-vous m'offrir une rose ? »

La jeune fille courut jusqu'au rosier, où, après un examen minutieux, elle choisit un bouton parfait, à peine éclos, qu'elle lui apporta. C'était un bouton blanc dont le cœur doré était rehaussé d'une délicate touche rose rappelant les couleurs du soleil levant.

« Merci. Cette rose est aussi belle que... qu'une femme que je connais », indiqua Eric.

À ces mots, une expression de profonde tristesse envahit le visage de Kilmeny. Et c'est la tête basse qu'elle traversa le verger jusqu'au vieux banc.

« Kilmeny, annonça Eric d'une voix grave, j'ai une faveur à vous demander. Je veux que vous me conduisiez chez vous et que vous me présentiez votre oncle et votre tante. »

La jeune fille leva la tête et le dévisagea avec incrédulité, comme s'il lui avait demandé d'accomplir quelque impossible exploit. À l'air grave d'Eric, elle comprit qu'il était sérieux, et ses yeux exprimèrent une grande consternation. Elle secoua la tête presque avec violence et sembla agitée par un ardent désir de parler. Puis elle saisit son crayon et écrivit avec une hâte fiévreuse :

« Je ne peux pas faire cela. Ne me le demandez pas. Vous ne comprenez pas. Ils seraient très fâchés. Ils ne veulent voir personne à la maison. Et ils ne me laisseraient plus jamais venir ici. Oh, vous n'êtes pas vraiment sérieux ? »

Eric débordait de pitié pour la douleur et l'incompréhension qu'il lisait dans les yeux de Kilmeny, mais, prenant ses mains fines dans les siennes, il répondit d'une voix ferme :

« Oui, Kilmeny, je suis vraiment sérieux. C'est mal de nous rencontrer ainsi sans que votre famille le sache et y consente. Vous n'êtes pas en mesure de comprendre cela, mais, croyez-moi, ce n'est pas bien. »

Les yeux interrogateurs et malheureux de Kilmeny cherchèrent ceux du jeune homme. Ce qu'elle lut dans son regard dut la convaincre, car elle devint soudain très pâle, et le désespoir envahit son visage. Libérant ses mains, elle écrivit lentement :

« Si vous dites que c'est mal, je vous crois. Je ne savais pas que quelque chose d'aussi agréable pouvait être mal. Mais si c'est le cas, alors nous devons cesser de nous voir ici. Ma mère me disait que je ne devais jamais rien faire de mal. Mais je ne savais pas que ce que nous faisions l'était.

— Ce n'était pas mal de votre part à vous, Kilmeny. Mais ce l'était un peu de la mienne, parce que je suis plus averti... ou, plutôt, parce que j'aurais dû montrer plus de discernement. Je n'ai pas fait exprès, comme disent les enfants. Un jour, vous comprendrez tout cela. À présent, vous allez m'emmener voir votre oncle et votre tante, et, quand je leur aurai dit ce que j'ai à leur dire, nous aurons le droit de nous voir, ici comme ailleurs. »

Kilmeny secoua la tête.

« Non, écrivit-elle. Oncle Thomas et tante Janet vont vous dire de partir et de ne plus jamais remettre les pieds là-bas. Et jamais ils ne me laisseront revenir ici. Puisque c'est mal de nous rencontrer ici, je ne viendrai plus, mais il est inutile d'aller les voir. Je ne leur ai pas parlé de vous parce que je savais qu'ils m'interdiraient de vous voir, mais je suis navrée de savoir que c'est si mal.

— Il faut que vous me les présentiez, insista Eric avec fermeté. Je suis persuadé que les choses ne se passeront pas comme vous le craignez lorsqu'ils sauront ce que j'ai à leur dire. »

Ces paroles ne parvinrent pas à consoler Kilmeny, qui écrivit d'un air désolé :

« Je vais le faire, puisque vous insistez, mais je suis sûre que ça ne servira à rien. Je ne peux pas vous les présenter ce soir, ils sont absents. Ils sont allés au magasin de Radnor. Mais nous irons demain soir ; et, ensuite, je ne vous verrai plus jamais. »

Deux grosses larmes noyèrent ses grands yeux bleus avant de tomber sur son ardoise. Ses lèvres tremblaient comme celles d'un enfant blessé. Eric, impulsivement, l'entoura de ses bras et appuya la tête sombre de la jeune fille contre son épaule. Et, tandis qu'elle pleurait avec un désespoir tranquille, il pressa ses lèvres sur la noire et soyeuse chevelure parée d'une couronne de roses en boutons. Il ne vit pas, derrière lui, les yeux brûlants de haine et de passion qui l'observaient par-dessus la vieille clôture. Neil Gordon, accroupi dans l'ombre, les observait, les poings serrés et la poitrine palpitante.

«Kilmeny, chère Kilmeny, ne pleurez pas, souffla tendrement Eric. Vous allez me revoir. Je vous le promets, quoi qu'il arrive. Je ne crois pas que votre oncle et votre tante se montrent aussi intraitables que vous le craignez. Mais même si c'était le cas, ils ne pourront pas m'empêcher de vous voir. »

Kilmeny releva la tête et sécha ses larmes.

«Vous ne savez pas comment ils sont, écrivit-elle. Ils vont m'enfermer dans ma chambre. C'était toujours la punition qu'ils m'infligeaient quand j'étais petite. Ils l'ont même fait une fois, il n'y a pas si longtemps, quand j'étais déjà grande.

— S'ils vous enferment, je trouverai bien le moyen de vous libérer », répondit Eric avec un petit rire.

Elle esquissa un sourire, mais le résultat était plutôt pitoyable. Elle ne pleura plus, mais resta néanmoins abattue. Eric parlait avec gaieté, tandis que Kilmeny se contentait de l'écouter d'un air distrait et pensif, comme si elle l'entendait à peine. Lorsqu'il lui demanda de jouer quelque chose sur son violon, elle secoua la tête.

«Je suis incapable de jouer, ce soir, écrivit-elle. Je dois rentrer, à présent. J'ai mal à la tête et je me sens particulièrement stupide.

— Parfait. Mais, surtout, ne vous inquiétez pas, petite fille. Tout va finir par s'arranger. »

Il était clair qu'elle ne partageait pas son optimisme, car elle marchait à nouveau la tête basse en traversant le verger aux côtés d'Eric. Au début du chemin bordé de cerisiers sauvages, Kilmeny s'arrêta et leva vers Eric des yeux noyés de larmes où se devinait quelque chose qui ressemblait à des reproches. Elle semblait lui faire ses adieux muets. Cédant à un irrésistible élan de tendresse, Eric la prit dans ses bras et posa un baiser sur sa bouche rouge et tremblante. Elle recula vivement avec un petit cri. Une brûlante rougeur couvrit ses joues. Tout de suite après, elle s'enfuyait dans l'allée de plus en plus sombre.

Sur le chemin du retour, les lèvres d'Eric conservaient le goût de ce baiser involontaire dont la douceur arrivait presque à l'enivrer. Le jeune homme savait que ce baiser avait éveillé la femme qui sommeillait en Kilmeny. Il sentait que le regard de la jeune fille ne rencontrerait plus jamais le sien avec la limpidité d'antan. La prochaine fois qu'il plongerait ses yeux dans ceux de Kilmeny, il savait qu'il y lirait la conscience du baiser qu'il lui avait donné. Ce soir-là, dans le verger, Kilmeny avait laissé son enfance derrière elle.

XII

Prisonnier de l'amour

Le lendemain soir, en se dirigeant vers le verger, Eric dut admettre qu'il se sentait plutôt nerveux. Il ne savait pas quel accueil lui réserveraient les Gordon, et ce qu'il avait entendu à leur sujet n'était guère encourageant, c'est le moins qu'on puisse dire. Même Mme Williamson, à qui il avait fait part de sa destination, le regardait comme s'il s'apprêtait à entrer dans la cage aux lions.

« J'espère vraiment qu'ils ne seront pas trop impolis avec vous, monsieur l'ixnstituteur. » Elle n'avait pu trouver mieux comme encouragement.

Eric s'attendait à ce que Kilmeny soit au verger avant lui, car il avait été retardé par la visite inopinée d'un des commissaires. Mais la jeune fille était invisible. Il traversa le verger en direction de l'allée aux cerisiers. À peine venait-il de s'engager dans celle-ci qu'il s'arrêta net, brusquement atterré.

Neil Gordon, surgissant du couvert des arbres, venait de se planter devant lui dans une attitude agressive, les yeux remplis de rage et les lèvres tordues sous l'effet d'une émotion si forte qu'elle l'empêchait même de parler.

En un éclair de compréhension navrée, Eric saisit ce qui s'était passé. Neil ayant découvert que Kilmeny et lui se rencontraient dans le verger, il avait prévenu Janet et Thomas Gordon. Eric déplorait que cette découverte ait eu lieu avant qu'il puisse fournir ses propres explications, ce qui ne pouvait qu'indisposer davantage les tuteurs de Kilmeny contre lui. Il en était là dans ses réflexions quand la rage contenue de Neil explosa soudain en un flot de paroles haineuses.

«Comme ça, vous êtes venu la voir, encore une fois. Mais elle n'est pas là... Vous ne la verrez plus jamais! Je vous déteste, je vous déteste, je vous déteste!»

Sa voix se brisa sur une note aiguë. Il avança d'un pas furieux vers Eric, comme s'il voulait l'attaquer. Eric le regarda droit dans les yeux, en une attitude de calme défi sur laquelle la rage de Neil se brisa, comme l'écume se brise sur un rocher.

«Si je comprends bien, Neil, tu as causé du tort à Kilmeny, déclara Eric avec mépris. Je suppose que tu nous as espionnés. Et je suppose que tu as dit à son oncle et à sa tante qu'elle me rencontrait ici. Eh bien, tu m'as évité d'avoir à le faire moi-même, voilà tout. Je devais leur en parler ce soir. Je ne sais pas ce qui t'a poussé à faire une chose pareille. Es-tu jaloux de moi? Ou n'as-tu agi que par pure méchanceté envers Kilmeny?»

Son mépris intimida Neil plus que ne l'aurait fait la colère.

«Mes raisons ne vous regardent pas, marmonna-t-il d'une voix maussade. Ce que j'ai fait, et pourquoi je l'ai fait, c'est pas de vos affaires. Et vous n'avez rien à faire ici non plus. Kilmeny ne viendra plus vous y rencontrer.

— Elle va me voir dans sa propre maison, alors, répliqua froidement Eric. Neil, en agissant comme tu l'as fait, tu t'es montré stupide et indiscipliné. Je m'en vais de ce pas trouver l'oncle et la tante de Kilmeny et tout leur expliquer.»

Neil bondit vers lui sur le sentier.

« Non, non, partez, lança-t-il d'une voix implorante. Oh, s'il vous plaît, s'il vous plaît, M. Marshall, partez. Je ferai tout ce que vous voudrez si vous partez. J'aime Kilmeny. Je l'ai aimée toute ma vie. Je donnerais ma vie pour elle. Je ne peux pas vous laisser me la voler. Si vous me la prenez, je... je vous tuerai ! J'ai voulu vous tuer, hier soir, quand je vous ai vu l'embrasser. Oh oui, je vous ai vu. Je vous observais... ou espionnais, si vous préférez. Je me moque bien de la façon dont vous appelez ça. Je l'avais suivie, je soupçonnais quelque chose. Elle était tellement différente, tellement changée. Elle ne voulait plus porter les fleurs que je cueillais pour elle. On aurait dit qu'elle avait oublié que j'étais là. Je savais que quelque chose s'était mis dans le chemin entre elle et moi. Et ce quelque chose-là, c'était vous, maudit soyez-vous ! Oh ! je vais vous le faire regretter ! »

Il recommençait à s'échauffer, au point d'être étouffé par la rage, une rage de paysan italien contrarié dans ses désirs les plus chers. Cette rage annihilait la réserve que lui avaient imposée son éducation et son milieu. Eric, malgré sa colère et sa contrariété, ne put s'empêcher d'éprouver un élan de pitié pour lui. Neil Gordon n'était encore qu'un enfant ; et il était fou de peine et de colère.

« Neil, écoute-moi, commença-t-il d'une voix calme. Tu es en train de dire des sottises. Ce n'est pas à toi de déterminer qui sera ou ne sera pas l'ami de Kilmeny. Pour le moment, essaie de te ressaisir, et retourne chez toi comme un garçon raisonnable. Tes menaces ne m'effraient pas, et je saurai quoi faire avec toi si tu persistes à vouloir me nuire ou à persécuter Kilmeny. Je ne suis pas du genre à me laisser faire, mon gars. »

La force contenue que révélaient son ton et son attitude sembla intimider Neil, qui tourna les talons en jurant avec humeur avant de s'enfoncer dans l'ombre des sapins.

Malgré son sang-froid apparent, Eric avait été remué par cette confrontation inattendue et désagréable. Il poursuivit néanmoins sa route le long de l'allée sinueuse qui, en suivant l'orée de la forêt, finissait par conduire à la ferme des Gordon. Il avait le cœur qui battait plus vite en pensant à Kilmeny. Quelles souffrances elle devait endurer ! Neil avait sans doute déformé et exagéré la scène qu'il avait aperçue dans le verger, et les sévères tuteurs de Kilmeny avaient dû être furieux contre elle, la pauvre enfant. Soucieux d'écarter d'elle leur courroux le plus rapidement possible, il hâta le pas, oubliant presque sa rencontre avec Neil. Les menaces de celui-ci ne l'inquiétaient nullement. Il se disait que l'explosion de rage d'un jeune homme jaloux n'avait guère d'importance. Ce qui importait, par contre, c'était les problèmes que son étourderie à lui avait causés à Kilmeny.

Il arriva bientôt devant la maison des Gordon. C'était une vieille demeure à l'avant-toit saillant et percé de lucarnes dont les bardeaux étaient devenus gris foncé sous les assauts répétés du vent et des intempéries. Des persiennes d'un vert éteint habillaient les fenêtres du rez-de-chaussée. Derrière la maison s'étendait une épaisse forêt d'épinettes. Devant, il y avait un petit enclos herbeux et net, mais dépourvu de fleurs. Cependant, au-dessus d'une porte principale plutôt basse, s'étalait un luxuriant rosier grimpant, dont l'abondance de fleurs rouge vif offrait un contraste saisissant avec le dénuement général des lieux. Le rosier semblait s'être jeté sur l'austère vieille demeure pour l'assaillir de vie et de gaieté, choses qui lui étaient tout à fait étrangères.

Eric frappa à la porte en se demandant s'il aurait la chance de voir Kilmeny lui ouvrir. Mais, un instant plus tard, une femme d'un certain âge vint lui répondre. Cette femme donnait une impression de rigidité, depuis l'ourlet de sa robe étroite et sombre jusqu'au sommet de sa tête couronnée de cheveux noirs qui restaient luxuriants, malgré quelques mèches grises. Elle avait un long et pâle visage, usé et ridé, qui possédait cependant une beauté rude que ni l'âge ni les rides n'avaient réussi à effacer ; et ses yeux gris et enfoncés suggéraient une certaine bienveillance, même si, à cet instant précis, ils se posaient sur Eric avec une hostilité non déguisée. Sa silhouette, sous la robe sévère, était très maigre. Il y avait toutefois dans sa posture et dans ses manières une dignité qui plut à Eric. Une chose était sûre, il préférait cette sévérité pleine de retenue à une loquacité vulgaire.

Le jeune homme souleva son chapeau.

« Ai-je bien l'honneur de parler à Mlle Gordon ? demanda-t-il.

— Je suis Janet Gordon, répondit la femme avec raideur.

— Dans ce cas, je désire m'entretenir avec vous et votre frère.

— Entrez. »

Elle s'effaça pour le laisser passer et lui désigna, vers la droite, une porte basse et sombre.

« Installez-vous là. J'appelle Thomas », fit-elle froidement savoir en s'éloignant dans l'entrée.

Eric entra dans le petit salon qu'elle lui avait désigné et s'assit comme elle le lui avait ordonné. Il se trouvait dans la pièce la plus surannée qu'il eût jamais vue. Les tables et les chaises de bois massif, patinées par le temps, réussissaient, par contraste, à faire paraître résolument moderne le mobilier de salon en crin de Mme Williamson. Le plancher peint était parsemé de carpettes tressées de forme ronde. Sur la table au centre de la pièce se trouvaient une lampe, une Bible et quelques livres de théologie qui semblaient aussi anciens que les meubles grossièrement équarris. Les murs, lambrissés de bois jusqu'à mi-hauteur puis couverts d'un sombre papier peint à motifs de diamants, étaient ornés de gravures pâlies représentant pour la plupart des personnages aux allures ecclésiastiques portant perruques, robes et rabats.

Toutefois, au-dessus du haut manteau de cheminée noir et nu, se trouvait un portrait qui attira l'attention d'Eric à l'exclusion de tout le reste. Ce portrait, éclairé par la lumière dorée du couchant qui filtrait par la fenêtre, était un agrandissement retouché au crayon d'une photo représentant une jeune fille, et, malgré une exécution plutôt fruste, il constituait sans contredit le centre d'intérêt de la pièce.

Eric devina aussitôt qu'il s'agissait d'un portrait de Margaret Gordon, car, bien que, dans l'ensemble, ce visage ne ressemblât guère au visage sensible et ardent de Kilmeny, il y avait malgré tout une subtile mais nette ressemblance dans la forme du front et du menton.

La jeune fille du portrait, qui était très belle, avait des yeux de velours noir et un teint éclatant. Pourtant, plus que sa beauté, c'était son expression qui fascinait Eric. Il n'avait jamais vu une telle expression de volonté obstinée. Margaret Gordon était morte et enterrée ; le portrait n'était qu'un chromo minable et grossier dans un horrible cadre orné de dorures et de velours. Toutefois, la vitalité de ce visage continuait à écraser ce qui l'entourait. Quel effet avait dû avoir une telle personnalité dans la vie réelle !

Eric comprit que cette femme avait su n'en faire qu'à sa tête, fermement et inexorablement. Elle avait su imposer sa volonté en tout et face à tous ceux qui l'entouraient, les modelant selon ses désirs, malgré eux et malgré la résistance qu'ils pouvaient lui opposer. Un certain nombre de détails dans l'éducation de Kilmeny et dans son caractère s'en trouvèrent ainsi expliqués.

«Si cette femme m'avait dit que j'étais laid, je l'aurais crue, songea-t-il. Oui, même si j'avais eu un miroir pour la contredire. Je n'aurais jamais eu l'idée de mettre en doute la moindre de ses affirmations. L'étrange puissance qui émane de ces traits a quelque chose d'inquiétant dans un visage si jeune et si beau. L'orgueil et l'obstination en sont les principales caractéristiques. Décidément, Kilmeny ne ressemble pas du tout à sa mère en ce qui concerne l'expression, et très peu en ce qui concerne les traits. »

L'entrée de Thomas et Janet Gordon interrompit là ses réflexions. De toute évidence, Thomas avait été dérangé en plein travail. Sans un mot, il salua d'un signe de tête, et les deux vieillards s'assirent gravement devant Eric.

« Je suis venu vous voir au sujet de votre nièce, M. Gordon, commença abruptement le jeune homme en se disant qu'il ne servait à rien de tourner autour du pot avec ces deux-là. J'ai rencontré votre... j'ai rencontré Neil Gordon dans le verger des Connors, et j'ai appris qu'il vous a révélé que j'ai déjà donné rendez-vous à Kilmeny à cet endroit. »

Il fit une pause. Thomas Gordon eut un nouveau signe de tête, mais il demeura silencieux et continua de dévisager, de son regard ferme et perçant, le jeune homme qui se sentait plutôt embarrassé. Janet semblait attendre, impassible.

« Je crains qu'à cause de cela vous n'ayez une mauvaise opinion de moi, poursuivit Eric. Mais je ne crois pas mériter un tel jugement. Je peux vous expliquer ce qui s'est passé, si vous me le permettez. J'ai rencontré votre nièce par hasard dans le verger, il y a trois semaines, et je l'ai entendue jouer du violon. J'ai trouvé sa musique fascinante, et j'ai pris l'habitude de me rendre au verger tous les soirs afin de l'entendre. Je n'avais aucune mauvaise intention, M. Gordon. Je la considérais comme une enfant, une enfant doublement sacrée à cause de son infirmité. Mais, récemment, je... je... il m'est apparu que je n'agissais pas en homme d'honneur en l'encourageant à me rencontrer ainsi en cachette. Hier soir, je lui ai demandé de me conduire ici afin que vous et moi puissions faire connaissance. Nous serions venus à ce moment si vous aviez été à la maison. Comme vous étiez absents, nous avons prévu venir ce soir.

— Oui, c'est ce qu'elle nous a dit, admit lentement Thomas Gordon d'une voix forte et vibrante. Nous ne l'avons pas crue. Mais votre histoire concorde avec la sienne, et je commence à penser que nous nous sommes montrés trop durs envers elle. Mais l'histoire que nous a racontée Neil semblait particulièrement sordide, et elle nous a rendus furieux. Nous n'avons aucune raison de nous montrer confiants envers les étrangers, monsieur l'instituteur. Peut-être n'aviez-vous aucune mauvaise intention. Je suis prêt à l'admettre. Mais il n'est pas question de poursuivre dans cette direction.

— J'espère que vous ne me refuserez pas le privilège de voir votre nièce, M. Gordon, s'empressa de dire Eric. Je vous demande la permission de lui rendre visite ici. Mais je ne vous demande pas de m'accueillir en ami sur la seule foi de mes paroles. Je vais vous fournir des références, des noms d'hommes respectés à Charlottetown et à Queenslea. Si vous les interrogez...

— Je n'ai pas besoin de références, l'interrompit Thomas Gordon d'une voix calme. Je sais plus de choses à votre sujet que vous ne le soupçonnez, monsieur l'instituteur. Je connais la réputation de votre père et je l'ai même déjà vu. Je sais que vous êtes le fils d'un homme riche, quel que soit le caprice qui vous a conduit à enseigner dans une école de campagne. Puisque vous avez gardé le silence sur vos origines, j'ai supposé que vous ne vouliez pas que tout le monde connaisse votre véritable situation, aussi me suis-je tu également. Je ne connais rien qu'on puisse vous reprocher, monsieur l'instituteur, et je n'ai rien contre vous, à présent que j'ai la certitude que ce n'est pas à dessein que vous incitiez Kilmeny à vous rencontrer en cachette. Mais cela ne fait pas de vous un ami qui lui convienne, monsieur. Au contraire, il n'en serait que plus inconvenant que vous cherchiez à la revoir. Moins elle vous verra, mieux cela vaudra. »

Eric faillit bondir sur ses pieds et se lancer dans des protestations indignées. Mais il se rappela aussitôt qu'il lui fallait absolument amener Thomas Gordon à modifier sa façon de voir s'il voulait conserver une chance de gagner le cœur de Kilmeny. Jusque-là, les choses s'étaient mieux passées qu'il ne l'avait espéré ; il ne fallait pas tout gâcher en montrant trop de témérité ou d'impatience.

« Pourquoi dites-vous cela, M. Gordon ? demanda-t-il en faisant un effort pour conserver son sang-froid.

— Eh bien, mieux vaut parler franchement, monsieur l'instituteur. Si vous veniez souvent voir Kilmeny, il y aurait de bonnes chances pour que vous preniez trop d'importance à ses yeux. J'ai bien peur qu'il n'y ait déjà des dommages de ce côté-là. Puis, le jour où vous partiriez, elle en aurait le cœur brisé, parce qu'elle fait partie de ces gens qui ressentent profondément les choses. Jusqu'à maintenant, elle a été plutôt heureuse. Je sais que les gens nous reprochent la façon dont elle a été élevée, mais ils ne connaissent pas toute l'histoire. Somme toute, nous avons agi de la meilleure façon pour elle. Et nous ne voulons pas que quelqu'un la rende malheureuse, monsieur l'instituteur.

— Mais j'aime votre nièce et j'ai l'intention de l'épouser si elle veut bien de moi », répliqua Eric d'une voix ferme.

Il réussit au moins à leur faire abandonner leur réserve. Ils sursautèrent tous les deux et dévisagèrent Eric comme s'ils n'arrivaient pas à en croire leurs oreilles.

« L'épouser ! Épouser Kilmeny ! s'exclama Thomas Gordon d'une voix incrédule. Vous n'êtes pas sérieux, monsieur. Mais enfin, elle est muette... Kilmeny est muette.

— Cela ne change rien à mon amour, bien que je déplore ce mutisme pour Kilmeny elle-même, répondit Eric. Je ne peux que répéter ce que j'ai déjà dit, M. Gordon. Je veux épouser Kilmeny. »

Le vieil homme se pencha vers l'avant et fixa le plancher d'un air troublé, fronçant ses sourcils broussailleux et tapotant les bouts de ses doigts calleux avec embarras. Le tour inattendu de la conversation le déroutait, et il ne savait pas trop quoi répondre.

« Que dirait votre père d'un tel projet, monsieur l'instituteur ? finit-il par demander.

— J'ai souvent entendu mon père affirmer qu'un homme doit se marier selon son cœur, répondit Eric avec un sourire. S'il éprouvait la moindre envie de revenir sur cette opinion, je crois que la simple vue de Kilmeny l'en dissuaderait. Mais, après tout, c'est mon opinion à moi qui compte dans cette histoire, n'est-ce pas, M. Gordon ? J'ai reçu une bonne éducation, et je ne crains pas le travail. Je peux fonder un foyer en quelques années, même si je ne dois compter que sur mes propres ressources. Tout ce que je demande, c'est que vous me laissiez la chance de gagner son amour.

— Cela ne marcherait pas, monsieur l'instituteur, déclara Thomas Gordon en hochant la tête. Bien sûr, je crois que vous... que vous... – il tenta de dire "aimez", mais sa réserve toute écossaise butait sur ce mot terrible – que vous trouvez Kilmeny à votre goût maintenant, mais vous êtes encore bien jeune... et vous avez le temps de changer d'idée.

— Je ne changerai pas d'idée, répondit Eric avec véhémence. Ce n'est pas un caprice, M. Gordon. C'est l'amour, le vrai, celui qu'on ne rencontre qu'une fois, une seule, dans notre vie. Je suis peut-être jeune, mais je sais que Kilmeny est la femme qui m'est destinée, la seule au monde qui me convienne. Il n'y en aura jamais d'autre. Ce ne sont pas des paroles en l'air. J'ai beaucoup réfléchi à la question, et je l'ai examinée sous tous ses angles. Tout se ramène à ceci : j'aime Kilmeny, et je veux ce que tout honnête homme est en droit d'espérer quand il aime véritablement une femme, la chance de voir Kilmeny me rendre mon amour.

— Bon ! (Thomas Gordon respira profondément, mais on eût dit qu'il soupirait.) Peut-être... si c'est ce que vous ressentez, monsieur l'instituteur... je ne sais pas... il y a des projets qu'il serait mauvais de contrecarrer. Peut-être n'avonsnous pas le droit de... Janet, ma vieille, qu'est-ce qu'on devrait dire à ce jeune homme ? »

Jusque-là, Janet Gordon n'avait pas dit un mot. Elle était restée assise bien droite dans l'un des vieux fauteuils placés sous l'éclatant portrait de Margaret Gordon, ses mains noueuses et usées agrippant solidement les bras sculptés du fauteuil, les yeux fixés sur le visage d'Eric. Leur expression avait d'abord été réservée et hostile, mais, à mesure que se déroulait la conversation, ils perdirent de leur froideur et devinrent presque bienveillants. Et quand son frère lui demanda conseil, elle s'inclina vers l'avant en demandant d'une voix pressante :

« Savez-vous qu'un scandale est attaché à la naissance de Kilmeny, monsieur l'instituteur ?

— Je sais que sa mère a été l'innocente victime d'une malheureuse erreur, Mlle Gordon. Je considère qu'il n'y a pas de scandale quand, consciemment, il n'y a pas eu de faute. Et d'ailleurs, même s'il y avait eu faute, Kilmeny ne pourrait en être tenue responsable, et cela ne changerait donc rien à mes sentiments pour elle. »

Le visage de Janet Gordon subit soudain une transformation remarquable. Sa bouche sévère s'adoucit, et une vague de tendresse réprimée embellit son froid regard gris.

« Eh bien, dans ce cas, déclara-t-elle d'un ton presque triomphal, puisque ni ce scandale ni son mutisme ne vous apparaissent comme des obstacles, je ne vois pas pourquoi nous vous refuserions la chance que vous demandez. Peut-être votre entourage dira-t-il qu'elle n'est pas assez bien pour vous, mais elle l'est... elle l'est, insista-t-elle avec une note de défi dans la voix. Elle est douce, innocente et bonne. Elle est intelligente, rapide et pas désagréable à regarder. Thomas, je propose de laisser sa chance à ce jeune homme. »

Thomas Gordon se leva, comme pour signifier que la responsabilité ne reposait plus entre ses mains et que l'entretien était terminé.

« Très bien, Janet, si tu penses vraiment que c'est sage. Et que Dieu agisse envers lui comme envers elle. Au revoir, monsieur l'instituteur. On se reverra, et vous êtes libre d'aller et venir à votre guise. Mais il faut que je retourne travailler, à présent. J'ai laissé mes chevaux au beau milieu du champ.

— Je monte et je vous envoie Kilmeny », annonça Janet d'une voix calme.

Elle alluma la lampe posée sur la table et quitta la pièce. Quelques instants plus tard, Kilmeny descendit. Eric se leva et alla vers elle avec empressement, mais elle se contenta de tendre la main droite avec une dignité charmante. Et, bien qu'elle levât les yeux vers lui, elle ne plongea pas son regard dans celui du jeune homme.

« Vous voyez bien que j'avais raison, Kilmeny, dit-il avec un sourire. Votre oncle et votre tante ne m'ont pas chassé. Au contraire, ils m'ont montré beaucoup de gentillesse, et ils ont dit que je pouvais vous voir où et quand je voulais. »

Kilmeny esquissa un sourire avant de se diriger vers la table pour écrire sur son ardoise.

« Hier soir, pourtant, ils étaient furieux et ils m'ont dit des choses horribles. J'ai eu très peur et j'étais très malheureuse. Ils semblaient croire que j'avais fait quelque chose de terrible. Oncle Thomas a dit que jamais plus il ne me laisserait m'éloigner hors de sa vue. J'ai eu du mal à croire mes oreilles quand tante Janet m'a dit que vous étiez ici et que je pouvais descendre vous voir. Elle me regardait d'un drôle d'air en me disant cela, mais je voyais bien que la colère avait disparu de son visage. Elle semblait à la fois heureuse et triste. En tout cas, je suis bien contente qu'ils m'aient pardonné. »

Elle ne lui dit pas à quel point elle était heureuse de le retrouver, ni à quel point elle avait été malheureuse à l'idée de ne plus jamais le voir. La veille, elle lui aurait tout avoué franchement, mais, pour elle, la veille faisait partie d'une vie finie à jamais. Depuis, elle avait acquis la pudeur et la dignité d'une femme. Le baiser qu'Eric avait posé sur ses lèvres, les dures paroles que son oncle et sa tante lui avaient adressées, les larmes qu'elle avait versées pour la première fois au cours d'une nuit sans sommeil... tout cela avait contribué à la révéler à elle-même. Elle n'osait pas encore imaginer qu'elle aimait Eric Marshall, pas plus qu'elle n'imaginait qu'Eric l'aimait. Mais elle n'était plus l'enfant qui s'était montrée une gentille camarade. Elle était devenue, fort inconsciemment, une femme qu'il faut courtiser et séduire, et qui exige, avec une tendre et naturelle fierté, qu'on lui jure obéissance et fidélité.

XIII

Une femme exquise

Dès lors, Eric Marshall fréquenta assidûment la ferme des Gordon. Il se gagna bientôt les bonnes grâces de Thomas et Janet, et surtout celles de cette dernière. Quant à lui, il les aimait tous les deux et découvrait, sous leurs dehors inhabituels, des qualités solides et une grande finesse d'esprit. Thomas Gordon était remarquablement bien renseigné et, au cours de leurs discussions, une fois qu'il s'était suffisamment échauffé pour se délier la langue, il pouvait clouer le bec à Eric à tout coup. Eric eut du mal à le reconnaître, la première fois qu'il le vit aussi animé. Sa silhouette courbée se redressait, ses yeux caves se mettaient à briller, son visage s'empourprait, sa voix sonnait comme une trompette, et, de sa bouche, s'écoulait un flot d'éloquence qui balayait les arguments habiles et modernes apportés par Eric comme des fétus de paille emportés par un torrent de montagne. Eric s'amusait beaucoup de ses propres défaites, mais Thomas Gordon avait honte de s'être excité de la sorte, et, dans la semaine qui suivait, il réduisait ses commentaires à des «Oui» et à des «Non», ou tout au plus à une brève remarque sur le temps qui était sur le point de changer.

Janet ne se mêlait jamais de religion ni de politique ; manifestement, elle considérait que ces domaines n'étaient pas du ressort des femmes. Toutefois, elle n'arrivait pas à dissimuler la lueur d'intérêt qui brillait dans ses yeux lorsqu'elle écoutait Thomas et Eric s'assommer mutuellement de faits, de statistiques et d'opinions, et, les rares fois où Eric marquait un point, elle se permettait un sourire en coin aux dépens de son frère.

Quant à Neil, Eric le voyait rarement. Le jeune Italien l'évitait, et, lorsqu'il leur arrivait de se croiser par hasard, il le dépassait les yeux baissés et l'air maussade. Eric ne s'inquiétait pas outre mesure au sujet de Neil ; mais Thomas Gordon, qui savait ce qui avait poussé Neil à révéler l'existence des rendez-vous du verger, déclara sans ambages à Kilmeny qu'elle devait cesser de considérer Neil comme un égal.

« Tu t'es montrée trop gentille avec ce gars-là, ma fille, et il s'est fait des idées. Il faut le remettre à sa place. J'ai bien peur que nous n'ayons tous fait plus de cas de lui que nous n'aurions dû. »

Cependant, la plupart des heures idylliques qu'Eric passait à courtiser Kilmeny se déroulaient dans le vieux verger ; l'extrémité du verger qui avait déjà tenu lieu de potager était à présent envahie par des roses rouges comme le cœur du soleil couchant, des roses roses comme les premières lueurs de l'aube, des roses blanches comme la neige des sommets, des roses épanouies et des roses en boutons plus tendres que tout ce qui se peut trouver sur terre, à l'exception du visage de Kilmeny. Leurs pétales soyeux s'amoncelaient le long des vieux sentiers ou s'accrochaient aux herbes luxuriantes parmi lesquelles Eric s'allongeait et rêvait, tandis que Kilmeny jouait pour lui sur son violon.

Eric se jura de tout mettre en œuvre pour que Kilmeny, après l'avoir épousé, développe au maximum son don exceptionnel pour la musique. Ses possibilités semblaient s'enrichir chaque jour davantage, parallèlement à l'épanouissement de son âme, et son talent se nuançait et s'approfondissait à mesure que mûrissait son cœur.

Pour Eric, les jours se déroulaient, semblables aux pages d'une idylle inspirée. Il n'aurait jamais imaginé que l'amour puisse être aussi puissant, ni le monde aussi beau. Il se demandait si l'univers était assez vaste pour contenir son bonheur, ou l'éternité assez longue pour qu'il ait le temps de le vivre pleinement. Pour le moment, toute son existence se résumait à ce verger où il courtisait sa bien-aimée. Le reste – ses ambitions, ses projets et ses espoirs – avait été écarté pour laisser le champ libre à la poursuite du but qu'il s'était fixé : gagner le cœur de Kilmeny. S'il réussissait, ses autres buts s'en trouveraient rehaussés. S'il échouait, les autres perdraient leur raison d'être. Son propre univers semblait très lointain, et déjà à moitié oublié.

Lorsque M. Marshall avait appris que son fils prolongeait d'un an son séjour à l'école de Lindsay, il lui avait envoyé une lettre irritée et incrédule, dans laquelle il lui demandait s'il était devenu fou.

« À moins qu'il n'y ait une fille dans le décor ? suggérait-il. Il doit y en avoir une, pour te retenir un an complet dans un endroit comme Lindsay. Attention, maître Eric, toi qui as toujours eu le cœur trop sensible. Il est inévitable qu'un homme se couvre de ridicule au moins une fois dans sa vie, et puisque cela ne t'est pas arrivé à l'adolescence, c'est peut-être ce qui t'arrive en ce moment. »

Eric reçut également une lettre de David, qui lui adressait ses reproches sur un ton plus grave ; mais le médecin n'exprimait pas les soupçons que, selon Eric, il ne pouvait manquer de nourrir.

« Ce bon vieux David ! Il craint que je ne sois embarqué dans une histoire qu'il ne saurait approuver, mais il se refuse à dire quoi que ce soit, pour ne pas avoir l'air de vouloir forcer mes confidences. »

Il était impossible de garder longtemps secret le fait que « l'instituteur » fréquentait les Gordon avec des visées matrimoniales. Mme Williamson était restée discrète sur les affaires d'Eric ; les Gordon s'étaient tus ; mais la chose finit quand même par se savoir, provoquant étonnement, commérages et spéculations. Un ou deux imprudents s'aventurèrent à faire part de leurs doutes sur le bon sens de monsieur l'instituteur à monsieur l'instituteur lui-même ; ils ne répétèrent pas l'expérience. La curiosité était à son comble. Des centaines d'histoires circulaient sur Kilmeny, gagnant en exagération au fur et à mesure qu'elles circulaient. Beaucoup de gens secouèrent la tête d'un air entendu, et la plupart des habitants de Lindsay s'accordaient pour dire que cette histoire était des plus regrettables. L'instituteur était un jeune gars plein de promesses ; on aurait pu croire qu'il pouvait choisir à peu près n'importe qui ; quel dommage qu'il jette son dévolu sur la nièce bizarre et muette des Gordon, qui avait été élevée de façon aussi impie. Évidemment, quand un homme est sur le point de prendre femme, il est toujours difficile de prévoir de qui il va s'enticher. Les gens supposaient que Neil Gordon n'était pas ravi par la tournure des événements. Il était d'une humeur massacrante, depuis quelque temps, et refusait même de continuer à chanter dans le chœur. Ainsi les commentaires et les cancans allaient bon train.

Mais tous ces racontars n'importaient nullement aux tourtereaux du vieux verger. Kilmeny n'avait eu vent de rien. Pour elle, Lindsay faisait partie d'un monde inconnu, au même titre que la ville d'où venait Eric. Ses pensées volaient haut et loin dans le royaume de l'imagination, mais elles ne se portaient jamais vers les petites réalités entourant la vie étrange qu'elle menait. C'était dans cette vie qu'elle s'était épanouie pour devenir une créature merveilleuse et unique.

Par moments, Eric regrettait presque d'avoir à l'arracher un jour à sa blanche solitude pour l'emmener dans un monde qui, à plus grande échelle, était identique au village de Lindsay, et où sévissaient la même étroitesse d'esprit et de cœur, la même mesquinerie qu'à Lindsay. Il aurait souhaité garder Kilmeny pour lui seul à tout jamais, dans ce vieux verger blotti au cœur des épinettes et jonché de pétales de roses.

Un jour, il se plut à réaliser le projet qu'il avait formé lorsque Kilmeny lui avait révélé qu'elle se croyait laide. Il alla trouver Janet et lui demanda la permission d'apporter un miroir à la maison. Il voulait avoir le privilège d'être le premier à révéler à Kilmeny son apparence extérieure. Au début, Janet était plutôt hésitante.

« Il n'y a pas eu de miroir dans cette maison depuis seize ans, monsieur l'instituteur. Et, auparavant, il n'y en avait que trois, un dans la chambre d'amis, un petit dans la cuisine, et le dernier dans la chambre de Margaret. C'est elle qui les a tous brisés le jour où elle a compris que Kilmeny allait être jolie. J'aurais peut-être pu en acheter un après sa mort. Mais je n'y ai pas songé ; et il n'est pas nécessaire que les jeunes filles soient toujours en train de minauder devant leur miroir. »

Mais Eric sut plaider sa cause avec habileté, et Janet finit par déclarer :

« Bon, bon, faites ce que vous voulez. Vous le feriez de toute façon, jeune homme. Vous êtes l'un de ces hommes qui réussissent toujours à obtenir ce qu'ils veulent. Ce qui est différent de ceux qui *imposent* toujours ce qu'ils veulent... et c'est heureux », ajouta-t-elle à mi-voix.

Le samedi suivant, Eric se rendit en ville et choisit un miroir à son goût. Il le fit livrer à Radnor, où Thomas Gordon alla le chercher pour le rapporter à la maison, sans savoir ce que c'était, car Janet avait jugé préférable qu'il ne soit pas au courant.

« C'est un cadeau de monsieur l'instituteur pour Kilmeny », s'était-elle contentée de dire.

Elle envoya Kilmeny au verger après le thé, et Eric se rendit subrepticement jusqu'à la maison en suivant la route principale. Lui et Janet déballèrent le miroir et l'accrochèrent au mur du petit salon.

« Je n'en ai jamais vu d'aussi grand, monsieur l'instituteur, fit remarquer Janet d'une voix réticente, comme si, finalement, elle se méfiait de ses profondeurs brillantes et nacrées et de son cadre richement orné. J'espère que ça ne la rendra pas vaniteuse. Elle est très jolie, mais peut-être n'est-il pas bon qu'elle le sache.

— Cela ne lui fera aucun tort, affirma Eric avec assurance. Si elle n'était pas affectée outre mesure par sa supposée laideur, elle ne sera pas affectée outre mesure par sa beauté. »

Mais Janet ne comprenait pas les remarques elliptiques. Elle enleva délicatement un peu de poussière de la surface polie et fronça les sourcils en fixant d'un air songeur l'image sans beauté que lui renvoyait le miroir.

« Je ne comprends pas comment Kilmeny a pu se croire laide, monsieur l'instituteur.

— Sa mère lui a dit qu'elle l'était, lui apprit Eric d'une voix amère.

— Ah ! laissa tomber Janet avec un coup d'œil rapide au portrait de sa sœur. C'était donc ça. Margaret était une drôle de femme, monsieur l'instituteur. Je suppose qu'elle trouvait que sa beauté à elle n'avait été qu'un piège. Elle était vraiment belle. Je n'ai jamais aimé cette photo. Elle ne lui rend pas justice. Elle a été prise avant qu'elle soit... avant qu'elle rencontre Ronald Fraser. À l'époque, personne ne la trouvait ressemblante. Pourtant, trois ans plus tard, elle était ressemblante, oh oui, très ressemblante, Monsieur l'instituteur. Son visage avait pris exactement cette expression.

— Kilmeny ne ressemble pas à sa mère, fit remarquer Eric en jetant lui aussi un regard en direction de cette photo qui exerçait sur lui une fascination mêlée de dégoût. Ressemble-t-elle plutôt à son père ?

— Non, pas tellement, bien que certaines de ses attitudes rappellent beaucoup celles de Ronald. Non, elle ressemble plutôt à sa grand-mère, la mère de Margaret. Elle s'appelait Kilmeny, elle aussi, et c'était une femme belle et charmante. J'aimais beaucoup ma belle-mère, monsieur l'instituteur. En mourant, elle m'a confié son bébé en me demandant d'être une mère pour elle. J'ai fait mon possible, mais je n'ai jamais pu chasser la tristesse de la vie de Margaret, et j'ai parfois l'impression que je ne serai peut-être pas capable de la chasser de celle de Kilmeny.

— C'est à moi que reviendra cette tâche.

— Vous ferez de votre mieux, je n'en doute pas. Mais peut-être que c'est par vous que viendra cette tristesse, finalement.

— Je ne ferai jamais rien qui puisse la blesser, tante Janet.

— Non, non, je ne dis pas que vous le ferez exprès. Mais j'ai parfois de mauvais pressentiments. Oh, je suppose que je ne suis qu'une vieille folle, monsieur l'instituteur. Faites selon votre volonté et amenez votre dulcinée ici quand vous voudrez pour lui montrer votre nouvelle acquisition. Je ne m'en mêlerai pas. »

Janet se rendit à la cuisine, et Eric partit à la recherche de Kilmeny. Elle n'était pas dans le verger, et il fallut un certain temps à Eric pour la trouver. Elle se tenait debout sous un hêtre dans un pré qui se trouvait au-delà du verger. Appuyée contre la clôture, les mains serrées contre sa joue, elle tenait un lis blanc cueilli dans le verger. Contrairement à ce qu'elle aurait fait peu de temps auparavant, elle ne courut pas à la rencontre d'Eric pendant que celui-ci traversait le pré. Elle attendit sans bouger jusqu'à ce qu'il soit près d'elle. Eric, mi-tendre mi-rieur, cita quelques vers de la ballade consacrée à une autre Kilmeny :

Kilmeny, Kilmeny, où étais-tu passée ?
Longtemps, longtemps nous t'avons cherchée
Dans les bois, les collines et les vallées,
Les torrents, les rivières et les vertes forêts !
Mais te voici saine et sauve, plus belle que jamais.
D'où te vient cette tunique brillante comme un lis,
Ce joli bandeau vert, parure magnifique,
Et ces roses si belles, à nulles autres pareilles ?
Kilmeny, Kilmeny, où étais-tu passée ?

« Sauf que c'est un lis et non une rose que tu tiens, fit remarquer Eric en adoptant le tutoiement du poème. Je devrais poursuivre et citer aussi la strophe suivante :

Kilmeny leva les yeux, adorable et gracieuse,
Mais, sur son visage, aucune trace de sourire.

« Pourquoi as-tu l'air si triste ? »

Kilmeny n'avait pas emporté son ardoise et ne pouvait donc pas répondre. Eric, toutefois, décela dans ses yeux une lueur qui lui permit de supposer qu'elle trouvait amer le contraste entre la beauté de l'héroïne de la ballade et sa propre laideur, dont elle était convaincue.

« Viens avec moi à la maison, Kilmeny. J'ai quelque chose à te montrer... et ce quelque chose est plus beau que tout ce que tu as jamais vu, annonça-t-il, les yeux brillants d'un plaisir enfantin. Je veux que tu te changes et que tu mettes la robe de mousseline que tu portais dimanche soir dernier. J'aimerais aussi que tu relèves tes cheveux comme tu l'avais fait ce soir-là. Vas-y vite, ne m'attends pas. Mais n'entre pas dans le petit salon avant que j'arrive. Je veux d'abord cueillir d'autres lis dans le verger. »

Quand Eric arriva à la maison, les bras chargés de ces lis aux longues tiges qui fleurissaient dans le verger, Kilmeny était en train de descendre l'étroit et abrupt escalier recouvert d'un rugueux tapis rayé. Sa beauté radieuse était mise en relief par les sombres boiseries et la pénombre du vieux couloir.

Kilmeny portait une robe couleur crème, longue et moulante, qui avait appartenu à sa mère et n'avait subi aucune retouche, les pressions de la mode n'exerçant aucun effet sur les Gordon. Kilmeny trouvait d'ailleurs sa robe parfaite comme elle était. Son style un peu suranné lui convenait admirablement; le col dégageait légèrement sa gorge ronde et blanche, et, des longues manches bouffantes, ses mains fines et belles émergeaient à la façon de fleurs à peine écloses. Croisant ses longues tresses derrière sa tête, elle les avait relevées et fixées en couronne. Enfin, elle avait piqué dans ses cheveux, près de son oreille gauche, une tardive rose blanche.

En la voyant descendre, Eric murmura, citant Tennyson:

Un homme avait renoncé à tous les plaisirs
Et à toutes les richesses
Pour l'extase d'un seul baiser
Sur ses lèvres parfaites.

À voix haute il ajouta:

« Pose ces lis sur ton bras, en laissant retomber les fleurs contre ton épaule... comme ceci. À présent, donne-moi la main et ferme les yeux. Ne les ouvre pas avant que je te le dise. »

Il la conduisit au petit salon et la posta devant le miroir.

« Tu peux regarder », annonça-t-il gaiement.

Kilmeny ouvrit les yeux et regarda directement dans le miroir, où, tel un tableau exquis dans un cadre doré, elle vit sa propre image réfléchie. Elle resta abasourdie un moment. Puis elle comprit ce qui se passait. Les lis tombèrent sur le sol, et la jeune fille devint très pâle. Avec un petit cri involontaire, elle se cacha le visage de ses mains.

Eric les écarta d'un geste joyeux.

« Kilmeny, crois-tu encore que tu es laide ? Ce miroir est plus fidèle que le sucrier en argent de tante Janet ! Regarde, regarde, regarde ! Peux-tu rêver d'un visage plus adorable que le tien, chère Kilmeny ? »

Elle était toute rougissante, à présent, et jetait des regards timides mais radieux vers le miroir. En souriant, elle saisit son ardoise et y inscrivit avec naïveté :

« Je crois que je suis agréable à regarder. Je ne peux pas vous dire à quel point j'en suis heureuse. C'est tellement affreux de penser qu'on est laide. On peut s'habituer à tout, mais pas à cela. Ça fait toujours aussi mal, chaque fois qu'on y pense. Mais pourquoi ma mère m'a-t-elle dit que j'étais laide ? Le croyait-elle vraiment ? Ou peut-être ai-je beaucoup changé en grandissant ?

— Je pense que ta mère avait découvert que la beauté n'est pas toujours un bienfait, Kilmeny, et qu'elle trouvait plus sage de ne pas te laisser savoir que tu étais belle. Viens, retournons au verger, à présent. Il ne faut pas que nous gaspillions cette soirée merveilleuse enfermés dans la maison. Nous nous souviendrons de ce coucher de soleil toute notre vie. Le miroir va rester ici. Il t'appartient. Ne t'y contemple pas trop souvent, cependant, si tu ne veux pas déplaire à tante Janet. Elle craint qu'il ne te rende vaniteuse. »

Le rire de Kilmeny s'éleva, ce rire rare et musical qu'Eric n'entendait jamais sans se demander comment elle pouvait rire ainsi, alors qu'elle était incapable de parler. La jeune fille souffla un petit baiser aérien en direction du miroir avant de s'en détourner en souriant d'un air joyeux.

Sur le chemin du verger, ils croisèrent Neil, qui les dépassa en détournant le visage. Kilmeny frissonna et se rapprocha involontairement d'Eric.

« Je ne comprends plus du tout Neil, écrivit-elle avec nervosité. Il n'est pas gentil comme avant, il lui arrive même de ne pas répondre quand je lui parle. Et il me regarde d'une drôle de façon. De plus, il se montre désagréable et impertinent envers oncle Thomas et tante Janet.

— Ne t'en fais pas pour lui, répliqua Eric d'un ton léger. Il boude probablement à cause de ce que je lui ai dit quand j'ai découvert qu'il nous avait espionnés. »

Ce soir-là, avant de monter se coucher, Kilmeny se faufila dans le petit salon, une chandelle à la main, pour jeter un nouveau coup d'œil à son image dans ce merveilleux miroir. Elle s'y attardait encore d'un air rêveur quand le visage sévère de tante Janet apparut dans l'ombre de la porte.

« Es-tu en train de songer à ta beauté, ma fille ? Mais n'oublie pas que vertu surpasse beauté », lui rappela-t-elle tout en l'admirant malgré elle, car la jeune fille, avec ses joues roses et ses yeux brillants, présentait un spectacle auquel même l'austère Janet Gordon ne pouvait rester indifférente.

Kilmeny eut un sourire très doux.

« Je vais tâcher de m'en souvenir, écrivit-elle, mais, oh, tante Janet, je suis si heureuse de ne pas être laide. Est-ce que c'est mal de me réjouir ainsi ? Non, n'est-ce pas ? »

Le visage de la vieille femme s'adoucit.

« Non, je suppose que ce n'est pas mal, ma fille, admit-elle. Un joli visage est un don du ciel. Personne ne le sait mieux que celui qui en est dépourvu. Je me souviens, quand j'étais jeune... mais cela n'a rien à voir avec ce qui nous occupe. Monsieur l'instituteur trouve que tu es très belle, Kilmeny », ajouta-t-elle en observant attentivement la jeune fille.

Kilmeny sursauta, et une intense rougeur envahit son visage. Ces signes, ajoutés à la lueur qui brilla alors dans ses yeux, révélèrent à Janet Gordon tout ce qu'elle voulait savoir. Réprimant un soupir, elle souhaita bonne nuit à sa nièce et s'éloigna.

Kilmeny monta rapidement à sa petite chambre sombre dont la fenêtre s'ouvrait sur la forêt d'épinettes. Elle se jeta sur son lit et enfouit son visage brûlant dans son oreiller. Les paroles de sa tante venaient de lui révéler le secret enfoui au plus profond de son cœur. Elle savait à présent qu'elle aimait Eric Marshall, et cette découverte lui procurait une étrange angoisse. Car elle était muette, il ne fallait pas l'oublier. Elle resta jusqu'à l'aube les yeux grands ouverts à fixer les ténèbres de la nuit.

XIV

Amour et altruisme

À leur rencontre suivante, Eric nota, chez Kilmeny, un changement qui l'inquiéta. La jeune fille semblait pensive, distante, presque mal à l'aise. Lorsqu'il proposa une promenade jusqu'au verger, il eut l'impression qu'elle n'était guère intéressée à y aller. Les jours qui suivirent confirmèrent ce changement. Quelque chose s'était interposé entre eux. Kilmeny semblait aussi éloignée de lui que si, comme l'héroïne de la ballade, elle avait passé sept ans dans le pays « où jamais ne tombait la pluie, et jamais ne soufflait le vent » et qu'elle en était revenue dépouillée de toutes les affections terrestres.

Eric passa ainsi une semaine plutôt désagréable. Il résolut toutefois de mettre fin au malaise en parlant franchement. Aussi un soir, dans le verger, avoua-t-il son amour à Kilmeny.

C'était une soirée d'août, à l'époque où les champs de blé mûr sont presque prêts pour la moisson, une douce nuit violette traversée par le murmure lointain d'une mer agitée se brisant sur les rochers, une nuit qui semblait faite pour l'amour. Kilmeny était assise sur le vieux banc, là même où

Eric l'avait vue la première fois. Elle avait joué du violon à son intention, mais, mécontente de sa musique, elle avait déposé son violon avec un petit froncement de sourcils.

Peut-être avait-elle peur de jouer, peur que ses émotions nouvelles lui échappent et se révèlent par sa musique. Elle aurait eu du mal à réprimer ces révélations, tellement elle avait l'habitude d'exprimer spontanément ses sentiments de cette façon. La nécessité de refouler à présent ceux-ci lui était pénible et transformait son archet en un objet grossier qui ne lui obéissait plus. Plus que jamais, en cet instant, Kilmeny aurait voulu pouvoir parler. Des paroles auraient pu dissimuler et protéger ce que le silence risquait fort de trahir.

D'une voix basse et tremblante de ferveur, Eric lui avoua qu'il l'aimait, qu'il l'aimait depuis le moment où il l'avait aperçue pour la première fois dans ce vieux verger. Il s'exprimait avec humilité, mais sans crainte, car il croyait qu'elle l'aimait également et il ne s'attendait pas à être repoussé.

«Kilmeny, veux-tu m'épouser?» demanda-t-il enfin en lui prenant les mains.

Kilmeny l'avait écouté en détournant le visage. Elle avait d'abord rougi violemment, mais était à présent très pâle. Quand il se tut, attendant sa réponse, elle lui retira brusquement ses mains et, les plaçant devant son visage, éclata en sanglots silencieux.

«Kilmeny, ma chérie, est-ce que je t'ai fait peur? Tu devais pourtant déjà savoir que je t'aimais. N'éprouves-tu donc rien pour moi?» demanda Eric en l'entourant de ses bras et en voulant l'attirer contre lui.

Mais Kilmeny secoua tristement la tête et écrivit, en serrant les lèvres:

«Oui, je vous aime, mais jamais je ne vous épouserai, parce que je suis muette.

— Oh, Kilmeny, riposta Eric avec un sourire, car il se voyait déjà victorieux. Tu sais bien que cela ne change rien à mes sentiments pour toi, ma toute douce. Il suffit simplement que tu m'aimes aussi. »

Kilmeny secoua la tête à nouveau. Son visage livide était empreint d'une grande détermination. Elle écrivit :

« Non, cela ne suffit pas. Je vous causerais beaucoup de tort si je vous épousais alors que je ne peux pas parler. Je ne vous épouserai donc pas, parce que je vous aime trop pour vous faire du mal. Votre entourage trouverait, avec raison, que vous avez agi de façon stupide. J'ai beaucoup réfléchi à tout cela depuis qu'une remarque de tante Janet m'a révélé la vérité, et je sais que j'ai raison. Je regrette de n'avoir pas compris cela avant que vous commenciez à vraiment tenir à moi.

— Kilmeny, ma chérie, tu t'es mis des idées bien absurdes dans ta jolie petite tête noire. Ne sais-tu pas que ma vie sera affreusement malheureuse si tu n'acceptes pas de m'épouser ?

— Non. C'est ce que vous croyez en ce moment, et je sais que vous serez très triste pendant quelque temps. Puis vous partirez et, après un certain temps, vous m'oublierez ; alors vous saurez que j'avais raison. Je vais moi aussi être très malheureuse, mais cela vaut mieux que de gâcher votre vie. Inutile d'insister ou de supplier, je ne changerai pas d'idée. »

Eric tenta néanmoins d'insister et de supplier, d'abord avec une patience souriante, comme quelqu'un qui tente de raisonner gentiment un enfant obstiné ; puis avec une véhémence et une ardeur désespérées, lorsqu'il se rendit enfin compte que Kilmeny était sérieuse. Il s'agita en vain. Kilmeny était de plus en plus pâle, et ses yeux trahissaient l'acuité de sa souffrance. Elle n'essaya même pas de discuter avec lui et se contenta de l'écouter avec tristesse et patience en secouant la tête. Malgré tous ses efforts, Eric ne parvint pas à ébranler la résistance de Kilmeny.

Pourtant, il ne désespérait pas ; il n'arrivait pas à croire qu'elle persisterait dans sa décision ; il était certain que l'amour qu'elle éprouvait pour lui finirait par l'emporter ; aussi, en retournant chez lui, ce soir-là, n'était-il pas malheureux. Il ne comprenait pas que c'était l'intensité même de son amour pour lui qui donnait à Kilmeny la force de résister à ses supplications, alors qu'un amour moins profond aurait sans doute fini par céder. C'était par amour qu'elle s'interdisait de faire du tort à Eric, ou ce qu'elle considérait comme du tort.

XV

Une lointaine et triste histoire

Le lendemain, Eric retourna voir Kilmeny pour la supplier de l'épouser, mais il se heurta à un nouveau refus. Rien de ce qu'il pouvait dire n'avait le moindre poids face à la ferme et triste détermination de la jeune fille. Quand enfin il fut obligé d'admettre que rien n'ébranlerait sa résolution, il décida, en dernier recours, d'aller voir Janet Gordon. Celle-ci écouta son histoire avec inquiétude et déception. Lorsqu'il eut terminé, elle secoua la tête.

« Je suis désolée, monsieur l'instituteur. Je ne peux pas vous dire à quel point je suis désolée. J'avais espéré quelque chose de différent. Que dis-je *espéré*? Je n'avais pas espéré, j'avais *prié* pour quelque chose de différent. Thomas et moi nous faisons vieux, et une question me préoccupe depuis des années : que va-t-il advenir de Kilmeny quand nous ne serons plus là? Depuis votre arrivée, j'espérais qu'elle trouverait en vous un protecteur. Mais si Kilmeny dit qu'elle ne vous épousera pas, j'ai bien peur qu'elle ne s'en tienne à cette décision.

— Mais elle m'aime ! s'écria le jeune homme. Et si vous et votre frère pouviez lui parler, l'exhorter... peut-être arriveriez-vous à l'influencer...

— Non, monsieur l'instituteur, cela ne servirait à rien. Oh, nous allons lui parler, bien sûr, mais cela ne servira à rien. Kilmeny est aussi obstinée que sa mère, une fois qu'elle s'est mis quelque chose en tête. Elle s'est presque toujours montrée douce et obéissante, mais, une fois ou deux, nous avons pu constater qu'elle pouvait être inébranlable quand elle avait décidé quelque chose. À la mort de sa mère, Thomas et moi avons voulu l'emmener à l'église. Jamais nous n'avons réussi à la persuader de venir. Nous ne savions pas pourquoi, à cette époque, mais à présent je suppose que c'était parce qu'elle se croyait affreusement laide. C'est justement parce qu'elle vous aime trop qu'elle ne vous épousera pas. Elle craint que vous ne finissiez par regretter d'avoir épousé une muette. Peut-être, d'ailleurs, a-t-elle raison... peut-être.

— Je ne peux pas renoncer à elle, s'obstina Eric. Il faut faire quelque chose. Peut-être est-il encore possible de guérir Kilmeny, même à son âge. Y avez-vous déjà songé ? Vous ne l'avez jamais fait examiner par un spécialiste qui aurait pu se prononcer à ce sujet, n'est-ce pas ?

— Non, monsieur l'instituteur, nous ne l'avons jamais fait examiner par qui que ce soit. Quand nous avons commencé à soupçonner qu'elle ne parlerait jamais, Thomas a voulu l'emmener à Charlottetown pour la faire voir par un médecin. Il adorait cette enfant, et son infirmité le désespérait. Mais Margaret n'a pas voulu en entendre parler. Impossible de lui faire changer d'idée. Elle disait que ça ne servirait à rien, que c'était sa faute à elle qui retombait sur son enfant et que cette faute ne pourrait jamais être effacée.

— Et vous vous êtes inclinés devant une lubie morbide comme celle-là ? demanda Eric avec impatience.

— Monsieur l'instituteur, vous n'avez pas connu ma sœur. Il *fallait* que nous nous inclinions, personne ne pouvait lui résister. Après son malheur, c'était une femme étrange, et même terrible sous certains aspects. Nous évitions de la contrarier, de peur qu'elle ne perde complètement l'esprit.

— Mais n'auriez-vous pas pu conduire Kilmeny chez un médecin à l'insu de sa mère ?

— Non, ç'aurait été impossible. Margaret ne la laissait jamais hors de sa vue, même quand elle a été grande. Et puis, pour vous dire toute la vérité, monsieur l'instituteur, nous pensions nous aussi qu'il ne servirait à rien d'essayer de guérir Kilmeny. Vous comprenez, c'est vraiment un péché qui l'a rendue comme elle est.

— Tante Janet, comment pouvez-vous débiter de pareilles sottises ? De quel péché parlez-vous ? Votre sœur était certaine d'être légalement mariée. Si Ronald Fraser connaissait la vérité – et rien ne prouve que c'était le cas –, ce serait donc *lui* qui aurait commis un péché, mais vous ne croyez quand même pas que ce péché serait retombé sur son enfant, sa petite fille innocente !

— Non, ce n'est pas ce que je veux dire, monsieur l'instituteur. Ce n'est pas là le péché de Margaret ; et, bien que je n'aie jamais éprouvé un amour débordant pour Ronald Fraser, je dois dire, pour sa défense, que je suis persuadée qu'il se croyait libre quand il a épousé Margaret. Non, il s'agit d'un autre péché, d'un péché pire encore. J'en ai des frissons chaque fois que j'y pense. Oh, monsieur l'instituteur, la Bible dit vrai en affirmant que Dieu punit la faute des pères sur les enfants. Aucune autre parole de ce livre sacré n'égale celle-là en vérité.

— Mais allez-vous finir par m'expliquer de quoi il s'agit ? s'exclama Eric. Dites-moi tout. Je dois connaître l'entière vérité au sujet de Kilmeny. Cessez de me tourmenter.

— Je vais vous raconter toute l'histoire, monsieur l'instituteur, même si j'ai l'impression de réveiller une vieille blessure. Personne ne connaît cette histoire, à l'exception de

Thomas et de moi-même. En l'entendant, vous comprendrez pourquoi Kilmeny ne parle pas, et pourquoi il est peu probable qu'on puisse faire quelque chose pour elle. Elle ne connaît pas la vérité, et vous ne devez jamais la lui révéler. Ce n'est pas une histoire pour elle, d'autant plus qu'elle concerne sa mère. Promettez-moi de ne jamais lui en parler, peu importe ce qui peut arriver.

— Je vous le promets. Mais continuez... continuez », la pressa Eric avec fébrilité.

Janet Gordon croisa les mains sur son ventre, comme pour se donner le courage d'accomplir une tâche pénible. Elle semblait soudain très vieille. Les rides de son visage paraissaient plus profondes et plus marquées que d'habitude.

« Ma sœur Margaret était un être orgueilleux et fougueux, Monsieur l'instituteur. Mais je ne voudrais pas que vous imaginiez qu'elle était détestable. Non, ce serait faire là une grave injure à sa mémoire. Elle avait ses défauts, comme tout le monde, mais elle était vive, joyeuse et chaleureuse. Nous l'aimions tous profondément. Elle était l'âme et la vie de cette demeure. Oui, monsieur l'instituteur, avant son malheur, Margaret était une fille adorable qui chantait comme une fauvette du matin jusqu'au soir. Peut-être l'avons-nous un peu trop gâtée, peut-être lui passions-nous un peu trop tous ses caprices.

« Comme vous avez déjà entendu l'histoire de son mariage avec Ronald Fraser et du drame qui a suivi, je n'ai pas besoin d'y revenir. Je connais bien, ou plutôt, j'ai déjà bien connu Elizabeth Williamson, et je sais que tout ce qu'elle a pu vous dire n'était que la stricte vérité.

« Notre père était un homme fier. Oh, monsieur l'instituteur, si Margaret était trop fière, elle avait de qui tenir. Et le malheur qui s'est abattu sur elle a brisé le cœur de notre père. Après avoir appris la nouvelle, il est resté trois jours sans parler. Il restait assis dans le coin, là-bas, la tête basse, refusant de boire et de manger. Il n'avait pas vu d'un très bon œil le mariage de Margaret avec Ronald Fraser; aussi, quand elle est revenue ici déshonorée, elle n'avait pas plus tôt franchi le seuil qu'il éclatait en injures contre elle. Je la revois encore, monsieur l'instituteur, pâle et tremblante dans le cadre de porte, accrochée au bras de Thomas, ses yeux immenses passant de la tristesse et de la honte à la colère. C'était à l'heure du couchant, et un rayon rouge traversait la fenêtre et tombait sur sa poitrine comme une tache de sang.

« Notre père l'a qualifiée d'un nom terrible, monsieur l'instituteur. Il s'est montré trop dur... Il avait beau être mon père, je dois admettre qu'il s'est montré trop dur avec elle, qui avait le cœur brisé et dont la seule faute, après tout, n'avait été que de faire preuve d'entêtement sur la question de son mariage.

« Et notre père a regretté de l'avoir traitée de ce nom-là. Oh, monsieur l'instituteur, à peine ce mot avait-il franchi ses lèvres que déjà il le regrettait. Mais le mal était fait. Jamais je n'oublierai le visage de Margaret, monsieur l'instituteur, jamais! Il me hante encore au plus profond de la nuit, ce visage où se bousculaient la colère, la révolte et le défi. Mais elle n'a pas répliqué. Elle s'est contentée de serrer les poings et de monter à sa chambre de jeune fille sans dire un mot, le cœur bouillonnant d'une rage que seule sa prodigieuse obstination lui permettait de réprimer. Et, monsieur l'instituteur, à partir de ce jour et jusqu'après la naissance de Kilmeny, Margaret n'a pas prononcé un mot, monsieur l'instituteur, pas un seul. Rien de ce que nous pouvions faire pour elle ne parvenait à l'attendrir. Pourtant, nous nous sommes montrés bons pour elle, monsieur l'instituteur, et jamais nous ne lui avons fait le moindre reproche. Mais elle refusait de parler à qui que ce soit. Elle restait assise dans sa chambre la majeure partie du temps et fixait le mur avec des yeux effrayants. Notre père l'a suppliée de parler et de lui pardonner, mais elle n'a même jamais montré qu'elle l'avait entendu.

« Le pire est encore à venir, monsieur l'instituteur. Notre père est tombé malade et il a dû s'aliter. Margaret refusait de lui rendre visite. Et puis, un soir où Thomas et moi étions en train de le veiller, il devait être onze heures, il nous a dit tout à coup : "Janet, monte voir la petite – il appelait toujours Margaret 'la petite', c'était comme un petit nom d'amour qu'il lui donnait –, dis-lui que je suis en train de mourir et demande-lui de descendre et de venir me parler avant que je disparaisse."

« J'y suis allée, monsieur l'instituteur. Margaret était assise toute seule dans sa chambre, dans le noir et le froid, et fixait le mur. Je lui ai transmis le message de notre père. C'était comme si elle n'avait rien entendu. J'ai supplié et j'ai pleuré, monsieur l'instituteur. J'ai fait ce que je n'avais jamais fait devant personne : je me suis mise à genoux devant elle et je l'ai implorée, au nom du salut qu'elle devait espérer pour son âme, de descendre voir notre père mourant. Elle n'a pas voulu, monsieur l'instituteur ! Elle n'a pas bougé, et elle ne m'a pas accordé un seul regard. Il a fallu que je me lève et que je descende annoncer à ce vieil homme qu'elle ne viendrait pas. »

Janet Gordon leva les mains et les frappa l'une contre l'autre dans la terrible douleur de ce souvenir.

« Quand notre père a su que Margaret ne descendrait pas, il a seulement dit, d'une voix tellement, mais tellement douce : "La pauvre petite, j'ai été trop dur avec elle. On ne peut pas la blâmer. Mais je ne peux pas aller retrouver sa mère avant que notre petite m'ait pardonné pour le nom dont je l'ai traitée. Thomas, aide-moi à me lever. Si la petite ne vient pas jusqu'à moi, je vais aller jusqu'à elle."

« Il n'était pas question de l'en empêcher, nous l'avons bien vu. Il s'est levé, lui, le moribond, et Thomas l'a aidé à traverser le couloir et à monter l'escalier. Je les suivais avec une chandelle. Oh, monsieur l'instituteur, jamais je n'oublierai cette scène : les ombres effrayantes, le vent qui rugissait dehors, le souffle haletant de notre père. Mais nous avons réussi à le conduire jusqu'à la chambre de Margaret, et il s'est tenu devant elle, tout tremblant, son maigre visage auréolé de mèches blanches et emmêlées. Il a supplié Margaret de lui pardonner, de lui pardonner et de lui dire un mot, un seul, avant qu'il aille retrouver sa mère. Monsieur l'instituteur (la voix de Janet devint plus aiguë et se changea presque en cri), elle ne l'a pas fait, elle ne l'a pas fait ! Et pourtant, elle *voulait* parler. Plus tard, elle m'a avoué qu'elle voulait parler. Mais son incroyable entêtement l'en empêchait. C'était comme si quelque esprit malin s'était emparé d'elle et refusait de la libérer. Notre père aurait pu aussi bien tenter de fléchir une statue. Oh ! c'était horrible ! Son père était en train de mourir sous ses yeux, et elle n'a jamais prononcé le mot qu'il attendait d'elle. Voilà quel était son péché, monsieur l'instituteur, et c'est à cause de lui que cette malédiction s'est abattue sur l'enfant qu'elle portait. Quand notre père a compris qu'elle ne parlerait pas, il a fermé les yeux et serait sans doute tombé si Thomas ne l'avait pas retenu. "Oh, la petite, tu es dure", s'est-il contenté de dire. Ce furent ses dernières paroles. Thomas et moi l'avons ramené dans sa chambre, mais il avait cessé de respirer avant même que nous y arrivions.

« Kilmeny est née un mois plus tard, monsieur l'instituteur. Et quand Margaret a senti son bébé sur son sein, l'esprit malin qui s'était emparé de son âme a perdu tout pouvoir. Elle a parlé, elle a pleuré et elle est redevenue elle-même. Oh, comme elle a pleuré ! Elle nous a suppliés de lui pardonner, ce que nous avons fait de bonne grâce et sans aucune réserve. Mais celui contre qui elle avait péché le plus gravement avait disparu, et aucune parole de pardon ne pouvait lui parvenir du tombeau. Ma pauvre sœur n'a plus jamais connu la paix de l'âme, monsieur l'instituteur. Mais elle s'est montrée douce, gentille et humble jusqu'à ce que…

jusqu'à ce qu'elle commence à soupçonner que Kilmeny ne parlerait jamais. À ce moment-là, nous avons pensé qu'elle allait perdre l'esprit. À vrai dire, monsieur l'instituteur, elle n'a plus jamais été vraiment la même par la suite.

« Voilà toute l'histoire, monsieur l'instituteur, et je suis bien contente que ces choses aient été dites. Kilmeny ne peut pas parler parce que sa mère n'a pas voulu le faire. »

Eric avait été frappé d'horreur en écoutant cette histoire tragique. La loi impitoyable voulant que les fautes des coupables retombent sur des innocents – cette loi qui est bien la plus cruelle et la plus mystérieuse de l'univers créé par Dieu – le plongeait dans une consternation sans bornes. Bien qu'il ne voulût pas l'admettre, l'affreuse certitude que le cas de Kilmeny dépassait les simples habiletés humaines s'insinuait peu à peu dans son cœur.

« C'est une histoire effroyable, déclara-t-il sombrement en se levant et en se mettant à marcher de long en large dans la vieille cuisine à l'ombre des épinettes. Et s'il est vrai que c'est le mutisme obstiné et volontaire de sa mère qui est à l'origine du mutisme de Kilmeny, je crains fort, comme vous, que nous n'y puissions rien. Mais vous pourriez vous tromper. Peut-être ne s'agit-il que d'une étonnante coïncidence. Peut-être peut-on faire quelque chose pour Kilmeny. De toute façon, nous devons essayer. J'ai un ami à Queenslea qui est médecin. Il s'appelle David Baker, et c'est un très habile spécialiste de la gorge et de la voix. Je vais lui demander de venir examiner Kilmeny.

— Faites comme il vous plaira, répondit Janet d'une voix où ne perçait aucun espoir. Manifestement, la vieille femme jugeait qu'il voulait tenter l'impossible.

— Il va falloir dire au Dr Baker pourquoi Kilmeny ne peut pas parler... ou du moins pourquoi vous croyez qu'elle en est incapable. »

Le visage de Janet se contracta.

« Est-ce vraiment nécessaire, monsieur l'instituteur ? Oh, c'est une histoire difficile à raconter à un étranger.

— N'ayez pas peur. Je ne lui révélerai rien de plus que ce qui est strictement nécessaire à sa compréhension du cas. Il suffira d'indiquer que le mutisme de Kilmeny a peut-être été causé par l'état d'esprit morbide dans lequel se trouvait sa mère pendant sa grossesse et par le silence total et obstiné que celle-ci, par rancune, s'était imposé.

— Eh bien, faites comme bon vous semblera, monsieur l'instituteur. »

Visiblement, Janet ne croyait pas qu'on pût faire quoi que ce soit pour Kilmeny. Par contre, une lueur d'espoir illumina le visage de Kilmeny quand Eric lui fit part de ses intentions.

« Oh, croyez-vous qu'il va me rendre la parole ? écrivit-elle avec fébrilité.

— Je ne sais pas, Kilmeny. J'espère qu'il le pourra, et je sais qu'il va faire tout ce qu'il est humainement possible de faire pour y arriver. S'il peut régler ton problème, me promets-tu de m'épouser, ma chérie ? »

Kilmeny hocha gravement la tête en signe d'acquiescement. Ce simple mouvement avait la solennité d'une promesse sacrée.

« Oui, écrivit-elle, lorsque je pourrai parler comme les autres femmes, je vous épouserai. »

XVI

L'opinion de David Baker

La semaine suivante, David Baker vint à Lindsay. Il arriva un après-midi, pendant qu'Eric était en classe. En rentrant chez lui, le jeune instituteur découvrit qu'en l'espace d'une heure David avait conquis le cœur de Mme Williamson, qu'il s'était insinué dans les bonnes grâces de Timothy et qu'il était au mieux avec le vieux Robert. Le médecin tourna cependant un regard curieux vers Eric quand les deux jeunes gens se retrouvèrent enfin seuls dans la chambre d'en haut.

« À présent, Eric, je veux savoir exactement de quoi il s'agit. Dans quel guêpier t'es-tu fourré ? Tu m'envoies une lettre dans laquelle tu me demandes, au nom de notre vieille amitié, de venir te voir sur-le-champ. Je me précipite, pour te trouver, me semble-t-il, en excellente santé. Explique-moi donc pourquoi tu m'as attiré ici.

— J'ai un service à te demander, un service que toi seul peux me rendre. David, répondit calmement Eric. Je n'avais pas le goût d'entrer dans les détails par écrit. J'ai rencontré à

Lindsay une jeune fille que j'ai appris à aimer. Je lui ai demandé de m'épouser, mais, bien qu'elle partage mon amour, elle a refusé sous prétexte qu'elle est muette. Je veux que tu l'examines, que tu détermines la cause de son infirmité et que tu voies si elle peut être guérie. Son ouïe est parfaite, ainsi que toutes ses autres facultés. Pour t'aider à mieux comprendre son cas, je vais te brosser les grandes lignes de son histoire. »

Et le jeune instituteur se mit à raconter. David Baker l'écouta avec sérieux et attention, les yeux rivés au visage de son ami. Il ne trahit ni l'étonnement ni la consternation qu'il éprouvait à l'idée qu'Eric s'était entiché d'une muette aux origines douteuses ; et le cas étrange de la jeune fille excitait son intérêt professionnel. Après avoir entendu toute l'histoire, il fourra ses mains dans ses poches et arpenta la chambre en silence pendant un moment. Finalement, il s'arrêta devant Eric.

« Ainsi, tu as fait exactement ce que j'ai toujours craint que tu ne fasses : tu as perdu ton bon sens en devenant amoureux.

— Si c'est le cas, répliqua Eric d'une voix calme, je l'ai remplacé par un sentiment plus noble et meilleur que le bon sens. »

David haussa les épaules.

« Tu vas avoir du mal à me convaincre de cela, Eric.

— Non, ce ne sera pas difficile du tout. J'ai un argument qui va te convaincre sur-le-champ : Kilmeny Gordon elle-même. Mais ne perdons pas de temps à discuter de ma sagesse ou de mon manque de sagesse. Ce que je veux savoir, c'est ce que tu penses du cas que je viens de te présenter. »

David fronça les sourcils d'un air pensif.

« Je ne sais pas trop quoi en penser. C'est très étrange et très inhabituel, mais il y a malgré tout des précédents. On a déjà recensé des cas où des influences prénatales avaient produit des résultats semblables. Je n'arrive toutefois pas à me rappeler si de tels cas ont déjà été guéris. Bon, je vais voir si on peut faire quelque chose pour cette fille. Je ne peux rien dire d'autre avant de l'avoir examinée. »

Le lendemain matin, Eric conduisit David à la ferme des Gordon. Comme ils approchaient du vieux verger, une mélodie flotta jusqu'à eux sous l'arcade résineuse des épinettes : un appel sauvage et triste, chargé d'une douleur indicible, mais néanmoins porteur d'une douceur merveilleuse.

« Qu'est-ce que c'est ? s'exclama David avec un sursaut.

— C'est Kilmeny qui joue du violon, répondit Eric. Elle est extrêmement douée pour la musique, et elle improvise de merveilleuses mélodies. »

Lorsqu'ils atteignirent le verger, Kilmeny se leva du vieux banc pour les accueillir, les yeux brillants et immenses, le visage empourpré par l'émotion d'un espoir mêlé de crainte.

« Dieu du ciel ! » ne put s'empêcher de murmurer David.

Il ne pouvait cacher sa stupéfaction, et Eric sourit de sa réaction. Il s'était bien rendu compte que, jusque-là, son ami n'était pas loin de croire qu'il était devenu fou.

« Kilmeny, voici mon ami, le Dr Baker », annonça-t-il.

Kilmeny tendit la main avec un sourire. Debout près d'un massif de lis dans le frais soleil du matin, elle était d'une beauté à couper le souffle. David, qui ne manquait pas d'assurance et qui avait généralement la langue bien pendue en présence des femmes, se sentit soudain aussi gauche et muet qu'un collégien lorsqu'il s'inclina sur la main de la jeune fille.

Kilmeny, elle, était délicieusement à l'aise. Elle ne montrait aucune trace d'embarras, même si ses manières trahissaient une adorable timidité. Eric sourit en songeant à sa première rencontre avec elle. Il se rendit soudain compte à quel point Kilmeny avait changé depuis ce jour, et quel chemin elle avait parcouru.

D'un petit geste, Kilmeny invita les deux hommes à la suivre à travers le verger jusqu'à l'allée de cerisiers sauvages.

« Eric, elle est tout simplement incroyable ! s'exclama David à mi-voix. Hier soir, à vrai dire, j'avais de sérieux doutes sur ton équilibre mental. Mais à présent me voici dévoré de jalousie. C'est la créature la plus adorable que j'aie jamais vue. »

Eric présenta David aux Gordon avant de se hâter vers l'école. Il croisa Neil dans l'allée menant chez les Gordon et fut presque effrayé par l'éclair de haine qui traversa les yeux du jeune Italien. Sa frayeur passagère fit bientôt place à la pitié. Neil avait le visage amaigri et hagard, les yeux creux et fiévreux. Il semblait avoir vieilli de plusieurs années depuis ce jour où Eric l'avait aperçu pour la première fois dans le vallon près du ruisseau.

Mû par une soudaine compassion, Eric s'arrêta et tendit la main.

« Neil, ne pouvons-nous pas être amis ? demanda-t-il. Je regrette que, par ma faute, tu sois malheureux.

— Amis ? Jamais ! riposta Neil avec véhémence. Vous m'avez volé Kilmeny. Je vais toujours vous haïr. Et, un jour, je vais me venger. »

D'un pas rageur, il continua son chemin. Eric, avec un haussement d'épaules, poursuivit sa route, chassant cette rencontre de son esprit.

La journée lui parut interminable. Au dîner, David n'était pas encore de retour ; mais le soir, quand Eric se rendit à sa chambre, il y trouva son ami, en train de regarder par la fenêtre.

« Alors ? demanda-t-il avec impatience lorsque David, après s'être tourné vers lui, continua à se taire. Qu'as-tu à me dire ? Ne fais pas durer le suspense, David. J'ai atteint les limites de ce que je peux supporter. La journée m'a semblé durer des siècles. As-tu découvert ce qui cloche chez Kilmeny ?

— Il n'y a rien qui cloche chez Kilmeny, répondit lentement David en se laissant tomber dans un fauteuil près de la fenêtre.

— Que veux-tu dire?

— Exactement ce que j'ai dit. Chez elle, les organes de la parole sont en parfait état. Sur le plan physiologique, il n'y a aucune raison pour qu'elle ne parle pas.

— Mais alors, pourquoi ne parle-t-elle pas? Penses-tu que... penses-tu...

— Je pense que je ne peux pas exprimer mes conclusions mieux que ne l'a fait Janet Gordon en disant que Kilmeny ne peut pas parler parce que sa mère ne voulait pas parler. Rien d'autre. Le problème est psychologique, pas physiologique. La médecine est impuissante dans un cas comme celui-là. Il y a de plus grands experts que moi dans ma profession, Eric, mais, honnêtement, je crois que si tu les consultais ils te répondraient exactement la même chose que moi.

— Il n'y a donc aucun espoir, conclut Eric d'un ton désespéré. Tu ne peux rien faire pour elle?»

David retira du dossier de son fauteuil une têtière crochetée ornée en son centre d'un lion rampant et il l'étala soigneusement sur son genou.

«Moi, je ne peux rien faire pour elle, répondit-il avec un regard courroucé vers cette œuvre d'art. Et je ne crois pas qu'aucun être humain puisse faire quelque chose pour elle. Mais je ne dis pas – pas vraiment – qu'il n'y a pas d'espoir.

— David, je ne suis pas d'humeur à résoudre des énigmes. Parle clairement, mon vieux, et cesse de me tourmenter.»

David fronça les sourcils d'un air dubitatif et passa un doigt dans le trou représentant l'œil du roi des animaux.

«Je ne sais pas si je peux t'expliquer cela clairement. Ce n'est même pas très clair pour moi. Et il ne s'agit là que d'une vague théorie, bien sûr. Je n'ai rien pour l'étayer. En résumé, Eric, je crois que Kilmeny pourrait parler un jour... à condition de le vouloir suffisamment fort.

  — À condition de le vouloir ! Mais, mon vieux, elle veut parler, avec autant de force qu'il est possible de vouloir quelque chose. Elle m'aime de tout son cœur, mais refuse de m'épouser parce qu'elle est muette. Tu ne crois pas que, dans de telles circonstances, une jeune fille "veuille" parler de toutes ses forces ?

  — Oui, mais je ne parle pas de ce genre de volonté, peu importe l'intensité de celle-ci. Je parle d'un besoin brusque et impérieux, d'une nécessité physique, psychique et mentale suffisamment puissante pour rompre les chaînes invisibles qui l'empêchent de parler. S'il se produisait un incident capable de provoquer en elle une telle flambée de volonté, je crois que Kilmeny parlerait et que, par la suite, après avoir parlé une fois, elle parlerait normalement. Oui, il suffirait d'un mot pour que son mutisme disparaisse.

  — Tout cela me semble particulièrement nébuleux, l'interrompit Eric avec agitation. Je suppose que tu sais de quoi tu parles, mais moi, je n'y comprends rien. Et, de toute façon, cela signifie pratiquement qu'il n'y a aucun espoir pour elle... ou pour moi. Même si ta théorie est valable, il est peu probable qu'une occasion comme celle que tu as décrite se présente un jour. Kilmeny ne m'épousera jamais.

  — Ne renonce pas si rapidement, mon vieux. Il existe des cas où des femmes ont changé d'idée.

  — Pas des femmes comme Kilmeny, répondit Eric avec désespoir. Je te dis qu'elle possède la volonté inflexible et la ténacité de sa mère, tout en étant absolument dépourvue d'orgueil et d'égoïsme. Je te remercie de ta compassion et de ton intérêt, David. Tu as fait tout ce que tu as pu, mais, bon sang, si tu savais quel bienfait ç'aurait été pour moi si tu avais pu l'aider ! »

  Avec un gémissement, Eric se jeta dans un fauteuil et enfouit son visage dans ses mains. Cet instant avait pour lui le goût de la mort. Il avait cru être prêt à affronter une déception; il n'avait pas soupçonné l'immensité de son espoir avant de s'en voir dépouillé.

David, avec un soupir, remit soigneusement la têtière crochetée à sa place sur le dossier du fauteuil.

« Eric, pour être honnête, je dois avouer qu'hier soir je me disais que, dans ton propre intérêt, l'idéal serait que je ne puisse rien faire pour cette fille. Mais depuis que je l'ai vue... je donnerais ma main droite pour pouvoir l'aider. Si seulement elle pouvait parler, ce serait la femme idéale pour toi. Oh, et même, bon sang (David frappa de son poing l'appui de la fenêtre, si fort que le châssis trembla), c'est la femme qu'il te faut, qu'elle parle ou non. Encore faut-il en convaincre Kilmeny.

— Jamais nous n'arriverons à l'en convaincre. Non, David, j'ai perdu Kilmeny. Lui as-tu dit ce que tu viens de me dire ?

— Je lui ai dit que je ne pouvais pas l'aider. Je ne lui ai pas soufflé mot de ma théorie, ça n'aurait servi à rien.

— Comment a-t-elle réagi ?

— Avec calme et courage, en fille vaillante qu'elle est. Mais ses yeux, Eric, l'expression dans ses yeux... J'avais l'impression d'avoir tué quelque chose. Elle m'a fait ses adieux muets avec un sourire pitoyable puis elle est montée à sa chambre. Je ne l'ai pas revue, bien que je sois resté à dîner à la demande de son oncle. Ces vieux Gordon sont bizarres. Je les ai bien aimés, cependant. Ils sont de cette race solide et sûre qui fait des amis dévoués mais des ennemis redoutables. Ils regrettaient que je ne puisse aider Kilmeny, mais j'ai bien vu que le vieux Thomas Gordon jugeait qu'en me mêlant de cette affaire j'avais essayé de contrecarrer le destin.

Eric sourit machinalement.

« Il faut que j'aille là-bas voir Kilmeny. Tu veux bien m'excuser, David ? Mes livres sont là, ne te gêne pas. »

Toutefois, en arrivant chez les Gordon, Eric n'y trouva que la vieille Janet, qui lui apprit que Kilmeny était dans sa chambre et qu'elle refusait de le voir.

« Elle pensait bien que vous viendriez, et elle m'a dit de vous remettre ceci, monsieur l'instituteur. »

Janet lui tendit un message. Il était très bref et barbouillé de larmes.

> Ne revenez plus, Eric. Je ne dois plus vous voir, parce que cela ne servirait qu'à nous rendre plus malheureux l'un et l'autre. Vous devez partir et m'oublier. Vous m'en serez reconnaissant un jour. Je vais toujours vous aimer et prier pour vous.
>
> Kilmeny

« Il *faut* que je la voie, insista Eric avec désespoir. Tante Janet, soyez gentille. Dites-lui qu'il faut qu'elle accepte de me voir, au moins pour un petit instant. »

Janet secoua la tête mais monta à la chambre de Kilmeny. Elle revint peu après.

« Elle dit qu'elle ne peut pas descendre. Vous savez qu'elle est bien décidée, monsieur l'instituteur, et qu'il ne sert à rien d'essayer de la fléchir. Et je dois dire que je suis d'accord avec elle. Puisqu'elle ne vous épousera pas, il est préférable qu'elle ne vous voie plus. »

Eric dut se résoudre à rentrer chez lui sans autre consolation que celle-là. Le lendemain matin, un samedi, il conduisit David Baker à la gare. Il n'avait pas fermé l'œil de la nuit et semblait si malheureux et si désespéré que David s'en inquiéta. Le médecin serait bien resté à Lindsay quelques jours de plus, mais un cas grave, à Queenslea, nécessitait sa présence au plus tôt. Eric et lui se firent leurs adieux sur le quai de la gare.

« Eric, laisse tomber cette école et reviens tout de suite chez ton père. Tu ne peux rien faire de bon à Lindsay, à présent, tu ne peux que t'y ronger le cœur.

— Je dois voir Kilmeny une dernière fois avant de partir », répondit simplement Eric.

Cet après-midi-là, il retourna à la ferme des Gordon. Mais le résultat fut le même que la veille ; Kilmeny refusa de le voir, et Thomas Gordon déclara d'une voix grave :

« Monsieur l'instituteur, vous savez que j'ai beaucoup d'estime pour vous, et je regrette la décision de Kilmeny, même si elle a sans doute raison. Je serais heureux d'avoir souvent le plaisir de votre compagnie, et vous allez me manquer ; mais, étant donné la situation, je vous dis franchement que vous feriez mieux de ne plus revenir ici. Cela ne servirait à rien, et plus vite vous cesserez de penser l'un à l'autre, mieux cela vaudra pour vous deux. Partez, maintenant, jeune homme, et que Dieu vous bénisse.

— Êtes-vous conscient de ce que vous me demandez là ? demanda Eric d'une voix rauque.

— Je sais que c'est pour votre bien que je vous demande cela, monsieur l'instituteur. Ce n'est pas comme si Kilmeny risquait de changer d'idée. Nous avons déjà eu l'expérience d'une femme qui s'est obstinée dans son idée. Voyons, Janet, ma vieille, ne commence pas à pleurer. Vous autres, femmes, êtes de bien sottes créatures. Penses-tu que des larmes vont effacer une histoire comme celle-là ? Non, elles ne peuvent effacer ni les péchés ni leurs conséquences. C'est terrible de voir comment un péché peut se gonfler et s'étendre au point d'attaquer des vies innocentes, parfois même longtemps après que le pécheur a comparu devant l'Éternel. Monsieur l'instituteur, si vous voulez mon avis, quittez l'école de Lindsay et retournez chez vous le plus tôt possible. »

XVII

Les chaînes brisées

Eric revint chez les Williamson le visage livide et hagard. Il n'avait jamais imaginé qu'on pût souffrir à ce point. Qu'allait-il faire ? Il lui semblait impossible de continuer à vivre ; il n'y avait tout simplement pas de vie, loin de Kilmeny. L'angoisse lui tritura l'âme jusqu'à ce qu'il soit vidé de toute force et que la jeunesse et l'espoir ne soient plus qu'amertume en son cœur.

Jamais, par la suite, il ne put se rappeler comment il réussit à traverser le dimanche suivant, ni comment il arriva à enseigner comme d'habitude le lundi. Il découvrit à quel point un homme peut souffrir et pourtant continuer à vivre et à travailler. Son corps était pour lui comme un automate qui bougeait et parlait de façon mécanique, pendant que son esprit torturé, prisonnier, endurait une douleur qui le marqua à tout jamais. Quand Eric Marshall sortit de la fournaise ardente que représentaient ces tourments, il avait laissé son enfance derrière lui et posait sur la vie des yeux qui savaient voir au-delà des apparences.

Le mardi après-midi, il y avait des funérailles dans le village, et, selon la coutume, l'école était fermée. Eric retourna une fois de plus au vieux verger. Il ne s'attendait pas à y voir Kilmeny, croyant qu'elle éviterait ce lieu, de peur de l'y rencontrer. Mais il était incapable d'en rester éloigné, bien que la pensée de ce lieu fût un tourment supplémentaire, et il oscillait entre un désir violent de ne plus jamais le voir et un affreux désespoir à l'idée de quitter à jamais cet étrange et vieux verger où il avait rencontré et courtisé sa bien-aimée, où il avait vu celle-ci changer et s'épanouir sous ses yeux, telle une fleur rare. En l'espace de trois courts mois, la fillette adorable s'était muée en femme plus adorable encore.

En traversant le pâturage précédant le bois d'épinettes, il tomba sur Neil Gordon en train d'ériger une clôture. Neil ne leva pas les yeux au moment où Eric passa près de lui, mais continua à enfoncer ses poteaux d'un air sombre. Plus tôt, Eric avait éprouvé de la pitié pour Neil; à présent, il éprouvait de la sympathie pour lui. Neil avait-il souffert autant qu'il souffrait maintenant? Eric venait de joindre les rangs d'une nouvelle confrérie, à laquelle n'étaient admis que ceux qui avaient souffert.

Le verger était calme et silencieux dans la lumière drue et dorée de cet après-midi de septembre qui semblait posséder le pouvoir d'extraire l'essence de toutes les odeurs que l'été avait emmagasinées dans les bois et les champs. Il n'y avait plus guère de fleurs; la plupart des lis qui, quelques jours plus tôt, se dressaient majestueusement le long de l'allée centrale étaient à présent fanés. L'herbe semblait broussailleuse, sèche et négligée. Mais des verges d'or flamboyaient dans les coins, et, ici et là, des asters inclinaient leurs têtes violettes. Le verger conservait son charme mystérieux, comme ces femmes qui, longtemps après avoir perdu leur jeunesse, conservent des traces de leur beauté passée ainsi qu'un charme que rien ne peut détruire.

Eric parcourut le verger d'un pas triste et distrait avant de s'asseoir sur un bout de clôture à moitié effondré, à l'ombre des branches d'épinettes qui s'avançaient au-dessus de lui en surplomb. Là, il s'abandonna à une poignante rêverie, amère et douce à la fois, revivant en pensée tout ce qui s'était déroulé dans le verger depuis sa première rencontre avec Kilmeny.

Il était à ce point plongé dans ses souvenirs qu'il n'avait aucune conscience de ce qui se passait autour de lui. Il n'entendit pas des craquements discrets derrière lui dans le sombre bois d'épinettes, pas plus qu'il ne vit Kilmeny s'avancer lentement dans la courbe de l'allée bordée de cerisiers sauvages.

La jeune fille s'était réfugiée dans le vieux verger pour tenter d'apaiser son désespoir, à supposer qu'un tel apaisement fût possible. Comme elle ignorait cette coutume de fermer l'école pour des funérailles, elle n'avait aucune crainte d'y rencontrer Eric. Jamais elle ne s'y serait risquée le soir, mais elle pensait continuellement au vieux verger et ne vivait plus que pour ses souvenirs.

Kilmeny semblait avoir vieilli de plusieurs années en quelques jours. Elle avait bu à la coupe de la souffrance et avait rompu le pain avec le désespoir. Son visage était pâle et tiré, et des ombres bleutées soulignaient ses grands yeux tristes, d'où avaient disparu les rires et les rêves de l'enfance, mais qui dégageaient à présent le charme puissant de la douleur et de la patience. Thomas Gordon avait secoué la tête avec fatalisme en la voyant ce matin-là au déjeuner.

«Elle ne le supportera pas, avait-il songé. Elle n'est plus dans ce monde pour longtemps. Peut-être est-ce mieux ainsi pour la pauvre petite. Mais j'aurais préféré que ce jeune instituteur ne mette jamais les pieds dans le verger des Connors ni dans cette maison. Margaret, Margaret, quelle pitié que ton enfant doive payer pour une faute commise avant sa naissance ! »

Kilmeny suivait le chemin d'un pas lent et distrait, comme une femme perdue dans un rêve. En atteignant le

trou dans la clôture, là où l'allée rejoignait le verger, elle
releva sa tête blême et lasse et aperçut Eric, assis dans l'ombre
des épinettes de l'autre côté du verger, la tête plongée dans
ses mains. Elle s'arrêta net, et le sang afflua à ses joues blêmes.

L'instant d'après, le sang reflua, la laissant d'une blan-
cheur de marbre. Ses yeux s'emplirent d'une horreur absolue,
mortelle. On eût dit deux mares bleues reflétant l'ombre
livide d'un nuage.

Neil Gordon se tenait derrière Eric, tendu, prêt à bondir.
Même à cette distance, Kilmeny distingua l'expression
meurtrière de son visage, elle vit ce qu'il tenait dans sa main,
et, en un atroce éclair de compréhension, elle sut ce qu'il
s'apprêtait à faire.

Tout cela s'imprima dans son cerveau en une fraction de
seconde. Elle savait que, le temps qu'elle coure à travers le
verger pour prévenir Eric en le touchant, il serait trop tard. Et
pourtant, il fallait qu'elle l'avertisse, il le fallait ABSOLU-
MENT ! Un désir irrépressible monta en elle et la submergea,
un désir qui balaya tout sur son passage en un flot irrésistible.
Au moment où Neil Gordon, avec une expression diabolique,
levait d'un mouvement vif et vengeur la hache qu'il tenait à la
main, Kilmeny bondit à travers le trou dans la clôture.

« ERIC, ERIC, REGARDE DERRIÈRE TOI, REGARDE
DERRIÈRE TOI ! »

Eric se leva en sursaut, confus et désorienté, en enten-
dant ce cri lancé à travers le verger. Il n'avait pas la moindre
idée que c'était Kilmeny qui l'avait interpellé ainsi, mais il
obéit instinctivement à l'ordre qui lui était donné.

Il fit demi-tour et découvrit Neil Gordon, qui avait les
yeux fixés non pas sur lui mais sur Kilmeny, un peu plus loin.
Le visage du jeune Italien était blanc comme un drap, et ses
yeux étaient remplis d'effroi et d'incrédulité, comme si son
geste meurtrier avait été arrêté par quelque intervention
surnaturelle. La hache qui se trouvait à ses pieds, là où, atterré,

il l'avait laissée tomber en entendant le cri de Kilmeny, révélait quelles avaient été ses intentions. Mais avant qu'Eric ait pu émettre un son, Neil tourna les talons, avec un cri qui ressemblait plus à celui d'une bête qu'à celui d'un être humain, et il s'enfuit dans l'ombre du bois d'épinettes comme un animal pourchassé.

L'instant d'après, Kilmeny, son beau visage trempé de larmes mais illuminé par un sourire tremblant, se jetait dans les bras d'Eric.

« Oh, Eric, je parle, je parle ! C'est tellement merveilleux ! Eric, je t'aime, je t'aime ! »

XVIII

Neil Gordon règle son cas

« C'est un miracle ! » s'exclama Thomas Gordon d'une voix
empreinte d'une crainte respectueuse.

C'étaient ses premières paroles depuis qu'Eric et Kilmeny
étaient arrivés en trombe, main dans la main, comme deux
enfants ivres de bonheur et d'émerveillement, et qu'ensemble
ils avaient débité leur histoire à Thomas et Janet d'une voix
haletante.

« Oh non ! répliqua Eric. C'est absolument merveilleux,
mais ce n'est pas un miracle. David m'avait dit que cela pouvait
arriver, mais je n'y croyais pas vraiment. Il pourrait tout vous
expliquer s'il était ici. »

Thomas Gordon secoua la tête.

« Je doute qu'il puisse expliquer cela, monsieur l'institu-
teur, lui ou un autre. Pour moi, ça ressemble déjà pas mal à
un miracle. Rendons grâce à Dieu, avec respect et humilité,
puisqu'Il a jugé bon de lever la malédiction qui touchait une
innocente. Vos docteurs peuvent bien donner toutes les

explications qu'ils veulent, jeune homme, ils ne trouveront pas grand-chose de mieux que cela. C'est extraordinaire, voilà ce que c'est. Janet, ma vieille, j'ai l'impression d'être dans un rêve. Kilmeny peut-elle vraiment parler ?

— Bien sûr que je le peux, mon oncle, répondit Kilmeny avec un regard ravi en direction d'Eric. Oh, je ne sais pas comment ça m'est venu... J'ai senti qu'il fallait absolument que je parle... et je l'ai fait. Et c'est si facile, à présent. C'est comme si j'avais toujours parlé. »

Elle s'exprimait avec facilité et naturel. Sa seule difficulté semblait être de moduler sa voix de façon appropriée. Par moments, elle haussait un peu trop le ton ; à d'autres, sa voix était trop basse. Mais il était évident qu'elle la maîtriserait bientôt à la perfection. Elle avait une belle voix, claire, douce et musicale.

« Je suis tellement contente que mon premier mot ait été ton nom, mon chéri, murmura-t-elle à Eric.

— Et Neil ? demanda gravement Thomas Gordon en s'arrachant avec effort de la stupeur émerveillée où il était plongé. Qu'allons-nous faire de lui quand il va revenir ? En un sens, cette affaire est bien malheureuse. »

Au comble du bonheur et de la stupéfaction, Eric en avait presque oublié Neil. Il n'avait pas encore vraiment conscience d'avoir échappé de justesse à une mort brutale et violente.

« Nous devons lui pardonner, M. Gordon. Je sais quels seraient mes sentiments envers un homme qui m'aurait pris Kilmeny. Il a cédé au mal à cause de sa souffrance... mais songez au bienfait qui en a résulté.

— C'est exact, monsieur l'instituteur, mais cela ne change rien au fait que ce garçon nourrissait des idées de meurtre dans son cœur... et qu'il vous aurait tué. La Providence en a décidé autrement et, du mal, a tiré un bienfait. Mais Neil est coupable d'avoir prémédité et d'avoir voulu accomplir un meurtre. Nous l'avons élevé comme un fils. Nous l'avons aimé, malgré tous ses défauts ! C'est une situation difficile, et je ne sais pas ce que nous allons faire. Nous ne pouvons pas prétendre qu'il ne s'est rien passé. Plus jamais nous ne pourrons lui faire confiance. »

Neil Gordon régla lui-même le problème. En rentrant chez lui, ce soir-là, Eric trouva le vieux Robert Williamson à la cuisine, en train de se régaler de pain et de fromage après avoir fait un saut jusqu'à la gare. Timothy, le chat à la splendide fourrure noire, était installé sur le buffet et disposait gravement des miettes qui trouvaient leur chemin jusqu'à lui.

« Bonsoir, monsieur l'instituteur. Je suis heureux de constater que vous avez l'air plus dans votre assiette. J'ai dit à ma femme que c'était probablement juste une querelle d'amoureux. Elle s'inquiétait à votre sujet, mais elle voulait pas vous demander ce qui allait pas. C'est pas une de ces créatures qui sont jamais aussi heureuses que lorsqu'elles mettent le nez dans les affaires des autres. Mais qu'est-ce qui a bien pu se passer comme charivari chez les Gordon ce soir, monsieur l'instituteur ? »

Eric était abasourdi. Robert Williamson aurait-il déjà eu vent des événements de la journée ?

« Que voulez-vous dire ? demanda-t-il prudemment.

— Eh bien, nous autres, à la gare, on s'est dit qu'il devait s'être passé quelque chose pour que Neil Gordon s'embarque comme ça avec les gars qui s'en vont faire les moissons dans les Prairies.

— Quoi ? Neil est parti pour les Prairies ? s'exclama Eric.

— Oui, monsieur. Vous savez, c'est ce soir que le train partait. Ils prennent le traversier cette nuit : voyage spécial. Il y a une douzaine de gars du coin qui se sont engagés. On était tous autour en train de jaser quand Lincoln Frame est arrivé à la fine épouvante. Neil a sauté de sa charrette, il a couru dans le bureau, il a acheté son billet, il est ressorti aussi vite et finalement il a grimpé dans le train sans dire un mot, l'air aussi mauvais que le diable en personne. On était tous tellement surpris qu'on a rien dit avant qu'il soit parti. Lincoln a pas pu nous renseigner tellement plus. Il a dit que Neil était arrivé chez eux en courant à la tombée du jour, avec l'air de quelqu'un qui a la police aux fesses, et qu'il lui a offert de lui vendre sa pouliche noire pour soixante piastres, à condition que Lincoln le conduise à la gare à temps pour qu'il puisse attraper le train qui partait pour les Prairies. La pouliche appartenait en propre à Neil, et Lincoln avait déjà proposé de l'acheter, mais Neil avait jamais voulu en entendre parler. Lincoln a sauté sur l'occasion. Neil avait la pouliche avec lui. Lincoln a attelé sans perdre de temps et l'a conduit à la gare. Neil avait rien comme bagages, et il a pas ouvert la bouche de tout le trajet, d'après Lincoln. On s'est dit que lui et le vieux Thomas avaient dû se chicaner. Êtes-vous au courant de quelque chose ? Ou bien étiez-vous tellement occupé à courtiser votre promise que vous avez rien vu et rien entendu ? »

Eric réfléchit rapidement. Le départ de Neil le soulageait profondément. Le jeune Italien ne remettrait plus jamais les pieds dans le coin, ce qui était la meilleure solution pour tout le monde. Quant au vieux Robert, il fallait lui révéler au moins une partie de la vérité, d'autant plus que tout le monde saurait bientôt que Kilmeny pouvait maintenant parler.

« Il y a eu un petit problème chez les Gordon, ce soir, M. Williamson, dit-il d'une voix tranquille. Neil Gordon s'est mal conduit et il a fait une peur terrible à Kilmeny... si terrible, en fait, qu'un phénomène étonnant s'est produit. Elle s'est mise à parler, et elle parle tout à fait normalement. »

Le vieux Robert déposa le morceau de fromage qu'il était en train de porter à ses lèvres avec la pointe de son couteau, et il dévisagea Eric avec stupéfaction.

« Bonté divine, monsieur l'instituteur, mais c'est extraordinaire ! s'écria-t-il. Êtes-vous vraiment sérieux ? Vous êtes pas en train d'essayer de voir jusqu'à quel point vous pouvez me faire marcher ?

— Non, M. Williamson, je vous assure que c'est la vérité pure et simple. Le Dr Baker m'avait dit qu'un choc pourrait peut-être la guérir, et c'est ce qui est arrivé. Quant à Neil, je suis sûr qu'il ne remettra jamais les pieds par ici, et c'est ce qui pouvait arriver de mieux. »

Résolu à ne pas en dire davantage, Eric quitta la cuisine. Mais, pendant qu'il montait à sa chambre, il entendit le vieux Robert marmonner, complètement abasourdi :

« J'ai jamais dans toute ma vie entendu une histoire pareille, jamais, jamais. Timothy, toi, as-tu déjà entendu parler de quelque chose comme ça ? Ces Gordon-là sont vraiment bizarres, aucun doute là-dessus. Même s'ils voulaient, ils pourraient jamais agir comme tout le monde. Il faut que je réveille la mère et que je lui parle de tout ça, sinon je serai jamais capable de m'endormir. »

XIX

Victoire sur tous les fronts

À présent que tout s'arrangeait, Eric désirait abandonner l'enseignement et retourner chez lui. Bien sûr, il avait « signé des papiers » pour enseigner encore pendant un an, mais il savait que les commissaires lui rendraient sa liberté s'il trouvait un remplaçant acceptable. Il décida de continuer à enseigner jusqu'aux vacances d'automne, qui tombaient en octobre, et de quitter l'Île-du-Prince-Édouard à ce moment-là. Kilmeny avait promis de l'épouser le printemps suivant. Eric l'avait suppliée de rapprocher la date de leur mariage, mais Kilmeny avait montré une douce mais ferme résolution, et Thomas et Janet avaient approuvé son attitude.

« J'ai encore tellement de choses à apprendre avant d'être prête à me marier, avait dit Kilmeny. Et je veux m'habituer à rencontrer des gens. J'ai encore un peu peur quand je vois quelqu'un que je ne connais pas, même si j'arrive à ne pas le montrer. Je vais ensuite assister au culte avec oncle Thomas et tante Janet, et aux rencontres de la Société des missions

étrangères. Et oncle Thomas m'a dit que, cet hiver, il m'ins-
crira comme pensionnaire en ville si tu le juges nécessaire. »

Eric s'opposa fermement à cette idée. Il ne pouvait ima-
giner Kilmeny pensionnaire sans aussitôt se mettre à rire.

« Je ne vois pas pourquoi elle n'apprendrait pas tout ce
qu'elle a besoin de savoir après m'avoir épousé plutôt
qu'avant, grommela-t-il aux tuteurs de la jeune fille.

— Mais nous voulons la garder auprès de nous pendant
un autre hiver, expliqua patiemment Thomas Gordon. Elle
va terriblement nous manquer quand elle va partir, monsieur
l'instituteur. Elle n'a jamais été séparée de nous, pas même
un jour. Elle seule donne de l'éclat à notre vie. Vous êtes gentil
de dire qu'elle pourra venir nous voir aussi souvent qu'elle
voudra, mais ce ne sera plus pareil. Elle fera partie de votre
monde, pas du nôtre. C'est une bonne chose, et nous ne
voudrions pas qu'il en soit autrement. Mais laissez-nous
Kilmeny encore un hiver, un dernier hiver pendant lequel
elle nous appartiendra. »

Eric céda avec la meilleure grâce dont il était capable.
Après tout, se dit-il, Lindsay n'était pas si loin de Queenslea,
et il y avait toujours le train et le bateau.

« Avez-vous déjà fait part de vos projets à votre père ? »
demanda Janet d'une voix anxieuse.

Non, il ne lui en avait pas fait part. Mais, ce soir-là, il
envoya à son père une longue lettre dans laquelle il lui faisait
le récit complet de son été.

M. Marshall père répondit à sa lettre en personne. Quel-
ques jours plus tard, en revenant de l'école, Eric trouva son père
assis dans le salon austère et impeccable de Mme Williamson.
Ils n'abordèrent toutefois le sujet de la lettre qu'après le thé.
Quand ils se retrouvèrent seuls, M. Marshall demanda à
brûle-pourpoint :

« Eric, que se passe-t-il avec cette fille ? J'espère que tu
n'es pas en train de te ridiculiser. Tout pointe dans cette

direction. Une fille qui a été muette toute sa vie et qui n'a pas le droit de porter le nom de son père... une campagnarde élevée dans un endroit comme Lindsay ! Ta femme va prendre la place de ta mère... et ta mère était la perle des femmes. Imagines-tu que cette fille en soit digne ? Impossible ! Tu as été séduit par un joli minois et une fraîcheur de fille de laiterie. Je n'attendais rien de bon de cette lubie de venir enseigner ici.

— Attendez d'avoir vu Kilmeny, papa, répondit Eric en souriant.

— Peuh ! C'est exactement ce qu'a dit David Baker. Je suis allé le trouver dès que j'ai reçu ta lettre, car je savais qu'il y avait un lien entre cette histoire et sa visite mystérieuse à l'Île, au sujet de laquelle je n'ai jamais pu lui tirer un seul mot, par la persuasion ou par la ruse. Il n'a eu qu'un commentaire : "Attendez d'avoir vu Kilmeny Gordon, monsieur." Eh bien, soit, je vais attendre de l'avoir vue, mais je vais la regarder avec les yeux d'un homme de soixante-cinq ans, mon fils, pas avec ceux d'un gamin de vingt-quatre ans. Et si elle n'est pas à la hauteur de ce que devrait être ta femme, jeune homme, ou bien tu renonces à elle, ou bien tu te débrouilles seul. Je ne serai pas complice de ta honte et de ton malheur. »

Eric se mordit les lèvres, mais il se contenta de dire d'une voix calme :

« Venez avec moi. Allons la voir sans plus tarder. »

Ils suivirent la route principale et l'allée menant à la ferme des Gordon. Kilmeny n'y était pas.

« Elle est dans le vieux verger, monsieur l'instituteur, leur apprit Janet. Elle aime tellement cet endroit qu'elle y passe tous ses moments libres. Elle s'y sent bien pour étudier. »

Ils s'assirent et conversèrent un moment avec Thomas et Janet. En les quittant, M. Marshall déclara :

« Ces gens me plaisent. Si Thomas Gordon avait ressemblé à Robert Williamson, je n'aurais même pas attendu pour voir ta Kilmeny. Mais ces Gordon sont de braves gens, rudes et sévères, mais d'une race forte et fière. Ils ont une distinction naturelle et un caractère bien trempé. Honnêtement, j'espère quand même que ta dulcinée n'a pas hérité de la bouche de sa tante.

— La bouche de Kilmeny ressemble à une chanson d'amour qui se serait matérialisée en une chair tendre et délicate », répondit Eric avec enthousiasme.

M. Marshall eut un reniflement de mépris. Mais un peu plus tard il ajouta, d'une voix plus tolérante :

« J'ai été poète, moi aussi, pendant les six mois où j'ai courtisé ta mère. »

Lorsqu'ils parvinrent au verger, Kilmeny était en train de lire sur le banc à l'ombre des lilas. Elle se leva et s'avança timidement vers eux. Elle se doutait bien de l'identité du grand vieillard aux cheveux blancs qui accompagnait Eric. Comme elle s'approchait, Eric constata, avec un tressaillement de bonheur, que jamais sa beauté n'avait été aussi resplendissante. Elle portait une robe de ce bleu qu'elle affectionnait, une robe simple et un peu surannée, comme tous ses vêtements, qui révélait les lignes parfaites de son corps mince et souple. Ses tresses noires et soyeuses s'enroulaient autour de sa tête en une couronne sur laquelle une touffe d'asters sauvages brillait comme un bouquet de pâles étoiles violettes. L'émotion rosissait son visage. Elle avait l'air d'une jeune princesse couronnée d'un rayon de soleil doré qui perçait à travers les vieux arbres.

« Papa, voici Kilmeny », annonça fièrement Eric.

Kilmeny tendit la main en murmurant des salutations timides. M. Marshall saisit la main tendue et la retint dans la sienne, tout en l'observant de façon si soutenue que le regard habituellement si ferme de la jeune fille vacilla devant une telle intensité. Puis le vieil homme attira Kilmeny vers lui et posa un grave et doux baiser sur son front blanc.

« Ma chère, dit-il, je suis fier et heureux que vous ayez accepté d'épouser mon fils... et de devenir ma fille chérie et honorée. »

Eric se détourna avec brusquerie pour cacher son émotion. Il avait le visage radieux de qui voit s'ouvrir devant lui l'horizon infini d'un avenir resplendissant.

Littérature d'Amérique :
Traduction

Partez à la découverte des auteurs prestigieux de l'Amérique anglophone...

Allende, Isabel
LA MAISON AUX ESPRITS

Barfoot, Joan
ABRA
DANSE À CONTRE-JOUR

Beresford-Howe, Constance
COUP DE THÉÂTRE

Burke, J. et Manweiler, A.
FLAGRANT DÉLICE

Cohen, Matt
CAFÉ LE DOG

Callaghan, Morley
UN VIEUX RENARD EN CAVALE

Davies, Robertson
UN HEUREUX CANULAR

Kelly, M.T.
UN RÊVE COMME LE MIEN

Kerouac, Jack
AVANT LA ROUTE
MAGGIE CASSIDY
TRISTESSA
PIC

Kogawa, Joy
OBASAN

Kroetsch, Robert
L'ÉTALON

Leacock, Stephen
UN ÉTÉ À MARIPOSA

Mitchell, W. O.
LE VIEIL HOMME, LA FEMME ET L'ENFANT

Montgomery, Lucy Maud

Moser, Marie
  COURTEPOINTE

Munro, Alice
  LA DANSE DES OMBRES
  POUR QUI TE PRENDS-TU ?

Oates, Joyce Carol
  AMOUR PROFANES
  UNE ÉDUCATION SENTIMENTALE

Vanderhaeghe, Guy
  UNE HISTOIRE DE MON TEMPS

Williams Bennett, Jo Anne
  LE LÉOPARD NOIR